做主耶穌的工作

做主耶穌的工作
DOING THE WORKS OF JESUS

第一部
BOOK ONE:

成為一個愛的門徒
BECOMING A DISCIPLE WHO LOVES

亞倫・卓克
ALAN DRAKE

智靈出版公司
SPIRT OF WISDOM PUBLICATIONS
德州達拉斯
DALLAS, TEXAS

做主耶穌的工作 — 第一部 — 成為一個愛的門徒
版權© 2015 亞倫‧卓克 （Alan Drake）

2015 年出版

高牧民　翻譯
高慧穎　審譯
謝安琪　修訂
申鵬　　總校閱

本書所使用中文聖經經節除特別註明外皆引用自《中文聖經和合本》。

ISBN-10: 0989850935
ISBN-13: 978-0989850933
Library of Congress Control Number: 2015920450

獻給我的父母

贊與雪莉‧卓克

目錄

前 言
這本書在說什麼？

這本書是關於學習如何實際地向我們每日所遇到的人表現出耶穌基督的能力與愛。

關於將基督的真實帶到我們的日常生活裡。

關於如何每日活出能力與愛的生活。

關於學習每時每刻與聖靈同行。

關於完全成為神計畫中的那個人，並且活出神定意要讓你擁有的豐盛生命。

關於成為「教會」的我們，能夠向這個需要看到證據的垂死世界，展現出基督的真實！

關於學習做耶穌的工作（約翰福音十四章12節）

> 「人若說他住在主裡面，就該自己照主所行的去行。」
> （約翰壹書二章6節）

第一章
下一步

事工是交給所有信徒的

也許你就像我一樣，不受僱於所謂的「全職基督教機構」，也沒有經營所謂的非營利組織。我有超過二十五年的職場工作經驗。一直到目前為止，我都沒有正式的牧師頭銜，在自己的當地教會也不是全職同工，但我卻是屬於耶穌基督的傳道人。

在過去幾年裡，我被感動去理解並支取那蘊藏在約翰福音十四章12節裡的應許。在這節經文裡，耶穌做了這個有力的宣告：「我實實在在的告訴你們，我所做的事，信我的人也要做，並且要做比這更大的事，因為我往父那裡去。」耶穌說這句話不只把它當作一種可能會發生的事情而已，而是把它當作一個應許！若信徒具備信心的要件，耶穌應許信徒，他們不但**要做**耶穌所做的工作，並且**要做**更大的事！

這個應許並不僅是給教會領袖的，而是給**所有**信徒的。耶穌給出這個應許時並沒有指名針對教會領袖，事實上，在耶穌說這句話時，那個房間裡完全沒有宗教領袖！或許你的教會領袖們不都能夠完全體會這個應許的含意，但是千萬別讓這點攔阻你！你不必等到教會領袖同意才接受挑戰，開始「做主耶穌的工作」。如果你的心裡已經有像我一樣的渴望，就**放手去**

做吧！回想一下，當耶穌揀選十二使徒、決定在祂離開後誰會被交付來接續祂的事工時，耶穌並沒有揀選宗教領袖。他跳過當時的「聖經學校」，揀選了尋常的普通人，並裝備他們去做不尋常的大事。

對我們而言，很重要的是必須記得牧師從來沒有被交付做所有的事工，在以弗所書四章12節裡（擴大版聖經），保羅告訴我們當耶穌賜下使徒、先知、傳福音的、牧師、教師給教會，「祂的旨意乃是為要成全並裝備聖徒（祂所分別為聖的百姓），（好讓他們能夠）各盡其職……。」

教會被描繪成基督的身體，有許多的成員在內。我們全都有獨特、不可或缺的功能。我們每一個人都有極其重要的角色要完成。

在啟示錄二至三章，耶穌給七個教會的信中，祂首先給了教會全體會眾明確的訊息，然而在每封信的最後，他都給予一個特別的邀請，並且附帶非凡的獎賞作為應許。這份邀請並不是給整個教會，乃是給那些願意將自己被分別出來、並且願意接受耶穌基督的挑戰、成為一個得勝者的個人。在那些訊息中，耶穌似乎暗示著祂知道不是每個教會的成員都會接受這樣的挑戰。祂只針對那些渴望得到更多、那些不想成為泛泛之輩、以及那些願意為了得勝並獲取最終非凡的獎賞而甘願犧牲奉獻的人們。

你會願意接受耶穌提出的挑戰嗎？你會願意將原有的平凡拋在身後，選擇當一個得勝者，無論前方的障礙是什麼，都要去獲取那非凡的獎賞嗎？你會願意去做耶穌的工作，甚至做更大的事嗎？

我應該對這本書有什麼期望？

本書的目的並不是要預備你進入哪個教會機構工作，而是在於幫助並賦予你能力去完成神早已放在你心裡渴望成就的事奉。

你擁有神在你生命中的呼召。這本書的目的之一即是幫助預備你發現並完成神在你生命中的計畫，以及學習更多關於你在基督裡真實的身份。

這本書會提供你實際的工具，讓你有能力去做耶穌預備你做的工作，如同祂在聖經所應許我們能夠做到的（約翰福音十四章12節），並且照著耶穌的命令去彼此相愛，如同祂愛我們一樣（約翰福音十五章12節）。

當我們每一個人成為真正愛耶穌也真正愛人的門徒，並且在每一天的生活中如此實踐出來的時候，教會自然而然就會轉化。我們就會真正成為一個能夠光照城市、國家、乃至於世界的教會。

當我們學會專注在他人的需要，而不是只求自己的益處，我們的生命就會為他人展現出真正的基督教信仰的內涵，我們也能朝著完成基督的「大使命」邁出第一步，使萬民作耶穌的門徒，凡耶穌所吩咐的，都教訓他們遵守（馬太福音廿八章19-20節）。

第二章
挑戰

今生的思慮

你或許有很強烈服事神的渴望，但似乎你自己也有需求，需要先被照顧到。如果你自己就有很多需要，如何能夠參與服事他人呢？

你需要被醫治嗎？

你是否有很嚴重的財務需求？

你是否遇到家人關係破裂的問題？

你是否在工作上遇到非常困難的狀況？

在你的生命中是否缺少某些東西？

神的回應：

　　祂邀請你將你的憂慮卸給祂，因為祂顧念你（彼得前書五章7節）。

優先尋求我們自己和家人的需要是很自然的，但是神邀請我們來做個交換。祂邀請我們將這些憂慮卸給祂，並應許祂對我們的顧念會比我們對自己的照顧更周全。交換條件是，祂希望我們能承接祂所關心的、祂的優先順序，並且將尋求滿足祂國度的需求放在首位。這些都是蘊含在馬太福音六章25-34節當中的信息。

「這都是外邦人所求的，你們需用的這一切東西，你們的天父是知道的。你們要先求祂的國和祂的義，這些東西都要加給你們了。所以，不要為明天憂慮，明天自有明天的憂慮；一天的難處一天當就夠了。」（馬太福音六章32-34節）

在哈該書第一章，神勸誡我們不要忽略了神家裡的需要。我們也許會想我們應該以自己的需要、照顧好我們的家庭為優先。事實上，我們越是努力想滿足我們與家人自身的需要與渴望，我們越不容易達成。如果我們仔細去思考自身的處境，我們會發覺我們根本就沒有辦法完全滿足我們自己或家人的需求與渴望。

事實上神從來沒有裝備我們這麼做。祂的計畫從來就不是要我們自給自足。倘若我們願意照著神的心意，將我們的思慮和祂所關心的事做交換，祂會將我們和我們的家人照料得比我們所能做到的更周全！

「萬軍之耶和華如此說：『這百姓說，建造耶和華殿的時候尚未來到。』

那時耶和華的話臨到先知哈該說：『這殿仍然荒涼，你們自己還住天花板的房屋嗎？』

現在萬軍之耶和華如此說：『你們要省察自己的行為。你們撒的種多，收的卻少；你們吃，卻不得飽；喝，卻不得

足；穿衣服，穿不得暖；得工錢的，將工錢裝在破漏的囊中。』

萬軍之耶和華如此說：『你們要省察自己的行為。你們要上山去取木料，建造這殿，我就因此喜樂，且得榮耀。這是耶和華說的。

你們盼望多得，所得的卻少；你們收到家中，我就吹去。這是為什麼呢？因為我的殿荒涼。你們各人卻顧自己的房屋。』

這是萬軍之耶和華說的。『所以為你們的緣故，天就不降甘露，地也不出土產。我命乾旱臨到地土、山岡、五穀、新酒，和油，並地上的出產、人民、牲畜，以及人手一切勞碌得來的。』」（哈該書一章2-11節）

對僕人來說，將事奉主人這件事擺在首位是一個神聖的次序。只有在主人的需要被滿足了以後，僕人才會坐下滿足自己的需用。

「你們誰有僕人耕地或是放羊，從田裡回來，就對他說：『你快來坐下吃飯呢？』豈不對他說：『你給我預備晚飯，束上帶子伺候我，等我吃喝完了，你才可以吃喝嗎？』」（路加福音十七章7-8節）

這是耶穌提到的一個神聖的次序。

「這其間，門徒對耶穌說：『拉比，請吃。』
耶穌說：『我有食物吃，是你們不知道的。』
門徒就彼此對問說：『莫非有人拿什麼給他吃嗎？』

耶穌說：『我的食物就是遵行差我來者的旨意，做成祂的工。』」（約翰福音四章31-34節）

當耶穌在曠野面對仇敵魔鬼的試探，要祂不假思索地屈服，並優先滿足自己的需要時（馬太福音四章3節），耶穌卻拒絕了。當時，神國的大勝利正危如累卵。然而，當撒但魔鬼的試探被主耶穌大大勝過，耶穌不但吃了，還有天使來事奉祂！神親自照顧了耶穌的需要（馬太福音四章11節）！

你若相信神會照顧你的個人需求，並願意先來尋求祂的國，神必定會回報你、供應你一切所需。神邀請你來做個交換。你若照管好祂的國度、祂的教會、祂的家人，祂定會親自照顧你和你的房子、家人以之為回報。

對齊國度的計畫

2009年七月，我前往蘇格蘭講道。在行程中的第二天我抵達了愛丁堡，因為轉機的緣故，我人雖然到了愛丁堡，我的行李卻沒有跟著到。問題是我很快就得換巴士到五十英哩遠的聖安德魯斯（St. Andrews），而且一星期以內我都不會回到愛丁堡。 我將這件事告訴航空公司的服務人員，他記下了我的住宿資料，並跟我保證一旦我的行李運抵機場就會送來給我。我跟他道了謝，搭上往聖安德魯斯的下一班巴士，就離開了。

幾個小時後我抵達了聖安德魯斯，登記住房，之後步行前往我此行所要參加的特會。那天晚上當我回到房間，我的行李還是沒送來。隔天，我只好繼續在第三天穿上同一套衣服參加上午的特會。

當時朋友提議要帶我去商店買些新衣服和盥洗用品，我婉拒了，因為我不希望他們為了帶我去買東西而錯過那場特會的任何一部份。但事實上我心裡卻越來越擔心了。

於是我立刻停下來禱告。

在那之前我都感覺不到這個行李對我有任何必要性。但是隔天，我就必須要在特會上午服事孩童，及在下午服事成人。

於是，我在禱告中向神陳明了我所遭遇的狀況，說如果我那天沒有拿回我的行李，祂國度的工作就要受損了。我將不得不帶著蓄了三天的鬍鬚、口臭（因為我沒有牙膏）、以及穿著又臭又髒的衣服來服事孩童。我在禱告中指出：在這樣的情況下，有些孩子是不會理我的，甚至有的孩子可能會怕我。

午餐過後我回到所住宿的大樓，詢問櫃臺我的行李是否送到了，櫃臺的女士回答：「是的，卓克先生。您的行李正在您的房間等著您呢。」

在我的禱告裡，當我說明我的狀況是會讓神國的工作陷入危機時，禱告很快就會有結果。你可以說這只是時間上的巧合，但我注意到，只要我優先尋求神的國度，相信神必會負責滿足我一切所需，這樣的「巧合」就會不斷地發生。

我的神必會供應你一切所需

時間回到1981年，當時我還在德州大學阿靈頓分校上課。在我要參加統計學期末考的那個早晨，我計畫好要在上學前開車到附近一個窮寡婦的家，捐點錢給她 ── 她正遭遇一些財務困難，所以我放了一些錢在信封裡，註明：「耶和華以勒（譯註：耶和華必預備之意）」。我開車到她家，將信封塞進紗門裡，然後繼續開大約三十分鐘的車到我就讀的大學。

在我停好車之後，走進校園準備上課時，我驚覺到自己忘了帶計算機！

在這堂統計學的考試裡，每一道題目包含了好幾列數字的連加，並針對這些多位數相加的總和進行各種計算，少了計算機，我就得被迫用手去計算，也會花上更多時間。我很快地意識到自己根本沒辦法在指定的時間裡完成考試。在花了許多時間和努力在這門課上面之後，我卻似乎無法避免地得要當掉這次期末考，甚至連這門課都有可能要當掉了！

我隨即思考著幾種可能的選擇，我知道自己已經沒有多餘的時間趕回家拿計算機了。這麼早的時間，還沒有任何一間店家是開門的，所以我也不可能買得到新的計算機。學校附近沒有我認識的人，更不可能有人能帶一台計算機給我。看來似乎已經沒有其它可行的選項了。我只好硬著頭皮走進考場，暫時拋開我可能會被當掉的想法。

　　我是當時幾個倒數進入考場的學生之一。應考的學生全都圍著大型圓桌坐下，只有少數幾個位子是空著的。當我挑了個位子坐下時，我朝我左邊看了一眼，很驚訝地發現坐在我左邊的那個學生多帶了一台計算機！我們不是朋友，但她讓我用她那台多出來的計算機。最後我比她還早完成考試，把計算機還給她之後，我就回家了。那門課我拿了Ａ。

　　為什麼有人會平白無故多帶一台計算機來考試？

　　我深信那是因為我以行動先求神的國，並且幫助供應了這個寡婦的需要，神就確保我的需要能夠得到供應。

　　「在神我們的父面前，那清潔沒有玷污的虔誠，就是看顧在患難中的孤兒寡婦，並且保守自己不沾染世俗。」（雅各書一章27節）

我們心裡的渴望

　　有一天，我的辦公室收到一本小冊子，內容是關於一個在波士頓舉行的訓練會議。我馬上就產生了一種想去旅行的渴望。

　　那本小冊子的封面上有一張波士頓公園的鴨子雕像照片，是依照羅勃•麥羅斯基的繪本《讓路給小鴨子》 所雕塑出來的鴨子群。我很清楚那個雕像的位置，若是把我丟在波士頓的任何一個地方，我總有辦法直接走到那個雕像的位置。這張照片立刻喚起了我過去在波士頓和其它城市旅行的美好回憶。可以

趁著我在某地出差幾天的有限時間內盡可能地到處看看，是我多年前最喜歡做的事情之一。

一本小冊子上的照片就激起了一連串回憶的漣漪，讓我想要拋開一切去旅行個兩三天，單單花些時間享受到其它城市探險的樂趣。

然而考慮再三，我卻決定否定這樣的想法。我理性的決定是：「不行，我的錢現在得用在神國的事上。」但是我卻留著那本小冊子，因為那張照片的確勾起了我對旅行的美好回憶。

隔天一早發生的第一件事，我的電話響了，是另一個部門的一位秘書打來的，她的兒子在西南航空工作，她告訴我他兒子有一張用不著的機票，不知道我有沒有可能用到它，因為她想不到其他可能會用得到的人選，而這張機票如果在接下來的幾天內不使用的話就要過期了。她還告訴我這張機票可以去任何有西南航空公司服務的目的地。

我告訴她我非常高興能擁有這張機票，她還問我會選擇在哪個目的地停留，為我在網路上查了一下，並分別規劃出周末前往波士頓、芝加哥、和華府的可行路線。

我選擇了芝加哥，因為我從來沒有真正花時間在芝加哥待過，於是她為我處理了這張機票的一切手續。她還告訴我，由於這是一張公司優惠票，我必須處於候補機位的狀態，所以她建議我不要托運任何行李，只要把所有東西裝在隨身攜帶的行李袋裡就好。這出現了一個小問題，因為我沒有那種適合週末旅行的隨身行李袋。

那天下班後，在班機全部安排妥當以後，我到弟弟家去串門子，看看他們的車庫拍賣會進行得如何。就在我離開以前，桌子底下有個東西突然吸引了我的視線。

我一個在西北航空當飛行員的表哥，捐了兩個他的舊隨身行李袋到我弟弟的車庫拍賣會裡。其中一個對於我這次前往芝

加哥的旅行簡直再完美不過了！我完全不需要為了區區一個週末旅行特地買一個全新的行李袋，這個看起來恰到好處，而且花費非常少！我給了我弟媳婦一點錢買下那個隨身行李袋。不到一天的時間，我就已經準備妥當前往芝加哥的週末旅程了。稍後我上網預訂了旅館，完成了這趟旅行的所有準備工作。住宿、食物、以及在機場的停車費是我這趟旅行僅有的花費。

我非常享受這一趟在芝加哥的時光。如果沒有人為我提供這張機票，我是不會去的，但我相信神看見了我心裡的那份渴望，而在這個例子裡，當我自願選擇先將神國的工作擺在我自己的渴望前面，神就批准了這樣的渴望。

「又要以耶和華為樂，祂就將你心裡所求的賜給你。」
（詩篇卅七篇4節）

試驗祂

「萬軍之耶和華說：『你們要將當納的十分之一全然送入倉庫，使我家有糧，以此試試我是否為你們敞開天上的窗戶，傾福與你們，甚至無處可容。』　萬軍之耶和華說：『我必為你們斥責蝗蟲，不容他毀壞你們的土產，你們田間的葡萄樹在未熟之先也不掉果子。』」（瑪拉基書三章10-11節）

在瑪拉基書這段經文裡，神邀請我們用十一奉獻來試驗祂，　允許祂證明祂會信實而豐盛地賜福我們作為回報。

若你已經接受了神的挑戰，也證明了祂的確是信實的，能在你做出十一奉獻時賜福給你，何不在這樣的事情上也信任祂？何不給祂一個機會來證明當你專注先尋求祂的國時，神也同樣會以祂的信實照顧你一切的需要？

你會「發現」你真實的人生

「於是耶穌對門徒說：若有人要跟從我，就當捨己（漠視、忽略、忘記自己和自己的愛好）背起他的十字架來跟從我 （堅定不移地忠於我、完全遵行我生活的樣式 — 如果需要 的話，也包括死去的樣式）。

因為凡要救自己（短暫、非永恆的）生命的（他此生的舒適與安全），必喪掉它（永生）；凡為我喪掉生命的（他此生的舒適與安全），必尋見它（永生）。

人若賺得全世界，賠上自己的性命（他在神國裡蒙福的生命），有什麼益處呢？人還能拿什麼換（他在神國裡蒙福的）生命呢？

人子要在祂父的榮耀（威嚴、輝煌）裡，同著眾天使降臨；那時候，祂要照各人的行為報應各人。」（馬太福音十六章24-27節，擴大版聖經）

『可是*其他人*並沒有在盡*他們的*本分！』

事實上，這句話一點都沒錯，但如果你因為這句話而失去神已預備行在**你**身上的福份，那就真的是一大悲劇了。如果不專注看那些做出次等人生抉擇的人們，我們就可以從那些如同使徒保羅一般的人們身上得著激勵，因為他們甘願撇下一切、去追求從神而來的上好福分。我們可以鼓起勇氣追隨一些簡化自己生活、專注在單一目標的人們身上，他們追求的目標不過是：「忘記背後，努力面前的，向著標竿直跑，要得神在基督耶穌裡從上面召我來得的（至高無上的屬天）獎賞。」（腓立比書三章13-14節，擴大版聖經）

『要是我覺得自己不夠格呢？』

加入神國的英雄榜！看看以下幾個神國優勝者的例子：

- 摩西（出埃及記三章11節）

- 基甸（士師記六章15節）

- 大衛（撒母耳記上十六章11節）

- 耶利米（耶利米書一章6節）

- 彼得（路加福音五章8節）

- 將你的名字放在其他屬神的優勝者旁邊！

> 「祂對我說：『我的恩典（我的恩寵、慈愛與憐憫）夠你
> 用的（足以對抗任何危難，並使你能果斷地承擔一切困
> 難）；因為我的能力是在人的軟弱上顯得完全（實現並完
> 成）。』所以，我更喜歡誇自己的軟弱，好叫基督（彌賽
> 亞）的能力覆庇（紮營居住在）我（身上）。」（哥林多
> 後書十二章9節，擴大版聖經）

想一想列王記下十三章20-21節中以利沙的例子，在這個
故事中，以利沙死了，也被埋葬了。論到在未來不配為主做任
何事工，你絕不會比一個死人更「不夠格」！你或許會以為服
事對他來說在死亡的那一刻就結束了，不過且慢！

有一個死人被放到以利沙的墳墓裡，當這死人的屍體一接
觸到以利沙的骸骨，死人就復活，站起來了！

以利沙並沒有讓他死去的事實阻止他繼續服事他人，即使
他沒有辦法讓自己從死裡復活，也無法阻止他不讓另外一個人
復活！所以，你還能有什麼藉口呢？

（對我在此引用以利沙的故事，聖經學者們可能會有各種不同的意見，就讓他們去操這個心吧。我此處的目的乃在於鼓勵 你，採取行動去做主耶穌的工作 —— 縱使你覺得自己不配。

　　有些人花了一輩子只是在**研讀**神的話，卻也有一些人領受神的話語，並**成為**神話語活生生的出口，深入到每天他們遇到的人群中間，向他們行出神的愛和能力。

　　我的禱告是你會加入第二種人的行列。）

　　「你們就是我們的薦信，寫在我們的心裡，被眾人所知道所唸誦的。你們明顯是基督的信，藉著我們修成的。不是用墨寫的，乃是用永生神的靈寫的；不是寫在石版上，乃是寫在心版上。」（哥林多後書三章2-3節）

第三章
邁向成熟

所以……該從哪裡開始呢？

我們該從哪裡開始？我們該以什麼為我們事工的典範？我相信這個問題可以從約翰福音十四章12節裡找到答案：

> 「我實實在在地告訴你們，我所做的事，信我的人也要做……」

事實上，這對我們來說還只是個起點。耶穌的應許是我們會從這裡開始，之後我們會經驗到「更大的工作」。讓我們以耶穌的事工做為一個起始點吧！

耶穌的伴侶

這不是很有道理嗎？若我們的命定是要成為基督的新婦，難道不應該開始活得像我們的主所需要的伴侶那樣與祂同行，加入祂的工作嗎？我們若虛擲了今生的光陰，到了向主交帳的那一天卻聽到祂對我們說祂從來不認識我們，那就再悲慘不過了。然而，不幸地是，這對一些人來說的確會成為事實。

> 「……新郎到了。那預備好了的，同祂進去坐席，門就關了。其餘的童女隨後也來了，說：『主啊，主啊，給我們

開門！』祂卻回答說：『我實在告訴你們，我不認識你們（我跟你們不熟識）。』」（馬太福音廿五章10-12節）

做主耶穌的工作看起來會是什麼樣子？

讓我們大致看一下基督徒生命成長的三個階段，由此我們可以綜觀這三個階段的個別目標，由此我們可以得到一幅完整的「拼圖」全貌，然後對於成熟的基督徒事奉目標，我們就會有更清楚的看見。

信 | 望 | 愛

基督徒生命的三個階段

| 救恩與生存 | 領受神的祝福與能力 | 滿足他人的需求 |

「其中最大的是愛」（哥林多前書十三章 13 節）

第一階段主要是藉由信心描繪出來的。我們得救是本乎恩，也因著信（以弗所書二章8節）。當我們剛剛重生時，我們的靈性其實很像肉體上的新生兒，既脆弱、又很無助，但同時我們並不知道我們需要什麼，也不知道如何叫我們靈性上的需求得到滿足。彼得就在彼得前書二章2節指出這一點：「就要愛慕那純淨的靈奶，像才生的嬰孩愛慕奶一樣，叫你們因此漸長，以致得救。」在這個階段，我們必需倚靠神和成熟的基督徒領袖協助保護我們、滋養我們、引導我們成長。

盼望是成熟的第二個階段的特徵。這並不是表示我們就沒有信心了，乃是在信心的根基上建立，在盼望中成長，學習相信神的應許，並且能夠得著勇氣，以至於我們可以預備自己來實現神命定給我們的使命。

「耶和華說：『我知道我向你們所懷的意念是賜平安的意念，不是降災禍的意念，要叫你們末後有指望。』」（耶利米書廿九章11節）

愛是成熟的最後一個階段的特徵。前兩個成長的階段對信徒來說多半是去獲得、獲得、和更多的獲得，要讓我們的需求獲得滿足，要獲得祝福、要獲得權柄、要獲得培訓、甚至獲得他人的指正。到了第三個階段，我們的焦點完全轉向，完全在乎給予 ─ 給予那些有需要的人。這並非表示我們從此不再有需求，而是當我們更專注在給予的時候，我們就不會太在意自己可以獲得多少了。第三個階段可以說相當類似於為人父母。事實上，當約翰對著這個成熟階段的基督徒說話時，他就是這麼說的 ─ 他稱他們為父老。

「父老啊，我寫信給你們，因為你們認識（認得、知道、理解）那從起初原有（就存在）的。少年人哪，我寫信給你們，因為你們勝了那（個）惡者。小子們哪，我曾寫信給你們，因為你們認識（認得、知道）父。」（約翰壹書二章13節）

當然，在基督裡並沒有男女之分（加拉太書三章28節），約翰在此使用陽性的字眼，指的是一個屬靈的事實，而非指著外在的肉體，**屬靈**的少年人或**屬靈**的父親在**肉身上**可以是男性也同樣可以是女性。

信	望	愛

基督徒生命的三個階段
（約翰壹書二章 12-14 節）

小子	少年人	父老
		林前四:15
		瑪四:6

「其中最大的是愛」（哥林多前書十三章 13 節）

如同約翰所指出來的，「小子」（譯註：原文為「孩子」之意）才剛意識到神的存在、開始認識神，他們靠著神的恩典，憑著信心得救，開始他們的屬靈生活。

　　少年人經過了童年時期的階段，他們長得更加強壯，心裡的力量也變得剛強起來（以弗所書三章16節）。隨著順服屬靈的權柄和師傅的教導．他們能夠學到更多（加拉太書四章1-2節），在與罪和邪惡權勢的爭戰上，他們也會有得勝的經歷（路加福音十章17節）。

　　但神對我們每個人的目的是希望我們能成為成熟的屬靈父親。（**記得，在基督裡是沒有男女之分的。**）父親主要的注意力不再是在自己的需求、自己的喜好、或自己的時間表上，而是在滿足他人的需要上找到了他們自己的人生目的、並且實現了自我。約伯就是這樣的人。神高度地讚賞他，說全地上再沒有像他的人。而約伯又是怎麼描述他自己的呢？

　　「我為窮乏人的父；素不認識的人，我查明他的案件。」（約伯記廿九章16節）

　　這三個成熟的階段都可以在亞伯拉罕的一生中看到：他歷經信心、盼望、等候神應許成就的不同時期，直到成為一個父親，活出了一個愛與奉獻的生命。

信 | 望 | 愛

亞伯拉罕人生的三個階段

| 相信神的應許 | 尋求應許的成就 | 將應許之
子獻給神 |

「其中最大的是愛」（哥林多前書十三章 13 節）

然而，這三個人生成長階段最偉大的例子都可以在耶穌的一生中看到，同時，祂也是基督徒最終極的榜樣。祂一出生就是要成為彌賽亞 ── 所有人類的救主。當耶穌還是個嬰孩時，西面和亞拿在聖殿裡就認出了祂（路加福音二章21-38節）。然而耶穌卻花了三十年的時間預備自己長大成熟，直到準備好完成祂生命的呼召。在那段時間裡，耶穌順服祂的父母（路加福音二章51節）、學習順從（希伯來書五章8節）、長得健壯（路加福音二章40節）。當祂達到了完全成熟的階段，便將自己的生命獻上去服事他人、滿足他人的需要、奉獻出自己的生命，使別人因此得著生命。

信　｜　望　｜　愛

耶穌人生的三個階段

信	望	愛
生來註定要使許多不可思議的應許成就	他漸漸長大，強健起來，智慧和身量、並神和人喜愛他的心，都一齊增長。 （路二：40，52）	「......人子來，並不是要受人的服事，乃是要服事人，並且要捨命做多人的贖價。」 （可十：45）

「其中最大的是愛」（哥林多前書十三章 13 節）

簡單來說，「做主耶穌的工作」的意義，**就是**：活出一個專注服事他人的生命、滿足他人的需要、奉獻我們的生命，使人能得到生命，「......並且得的更豐盛。」（約翰福音十章10節）。神對每一個信徒的人生目的即是將我們帶向那個成熟的境界。你**已經預備好**聽見這個邁向成熟的呼召了— 即使你可能 覺得自己還沒預備好。

神正在催逼你、帶領你前往這個成熟的境界。

「各人不要單顧自己的事，也要顧別人的事。」（腓立比書二章4節）

「你們各人的重擔要互相擔當，如此，就完全了基督的律法。」（加拉太書六章2節）

你願意這麼做嗎？

第四章
教會門外

當我們檢視著耶穌的服事歷程，有一點很值得我們注意的是，耶穌重要的服事大多數都發生在當時的「教會」聚會以外　也就是猶太會堂及聖殿以外的聚會。

相反地，對今日大多數的基督徒而言，我們屬靈活動的中心全都集中在教會聚會當中，我們的屬靈生活往往圍繞著教會聚會打轉，這些聚會經常是我們安定感和屬靈基礎的來源。

我們或許需要重新思考這樣的模式，因為耶穌似乎並沒有將祂的事奉或祂與天父的關係集中在「教會」的聚會中。在耶穌的事奉中，幾個最重大的行動多半發生在教會聚會之外：

• 耶穌呼召門徒的時候並沒有「在教會裡」。

• 耶穌的神蹟事奉並不是從「教會」聚會裡開始的。

• 耶穌在「教會」聚會之外醫治的人比在「教會」裡醫治的更多。

• 耶穌最著名的講道和最偉大的神蹟都發生在「教會」外面。

如果耶穌被記載下來的事奉僅僅只有那個時代在「教會」聚會當中發生的事，那麼被詳細記載在福音書裡的醫治與神蹟就會寥寥無幾了。耶穌的事奉看起來會十分不一樣，而且，就神的兒子和全人類救主的身分來說，無法給人很深刻的印象。事實上，惟有當你看到耶穌在傳統「教會」**外面**所做的事，你才會看見祂的事奉本質，也才會看見我們被呼召進入的人生是什麼樣子。

耶穌的事奉中所發生的事件

在接下來的幾頁中，我列出耶穌的事奉生涯中較顯著的事件，把它們的發生地點分成兩類 — 在猶太會堂和聖殿，以及在當時傳統的「教會聚會」以外的事件。這張清單並沒有鉅細靡遺地列出耶穌做的所有事情，也沒有完全按照時間順序排列，這張清單的主要目的乃在證明**在耶穌的事奉中，那些重要事件有很大的比例都發生在所謂的「教會聚會」以外。**

有些事件的背景在聖經經文中看起來似乎並不那麼明確，因此那些事件可能會同時出現在兩個欄位中，並且會加上(?)做為標記。例如，在一些節慶中發生的事件，可能是也可能不是在聖殿中的聚會裡發生的。

「教會」門外	「教會」門內
• 受約翰的洗禮 — 太三；可一；路三	
• 受試探 — 太四；可一；路四	
• 安得烈信主 — 約一	
• 耶穌遇見彼得 — 約一	
• 耶穌呼召腓力 — 約	
• 拿但業信主 — 約一	
• 在迦拿的婚筵行第一個神蹟 — 約二	
	• 潔淨聖殿 — 約二
• 逾越節的神蹟 (?) — 約二	• 逾越節的神蹟 (?) — 約二
• 尼哥底母去見耶穌 — 約三	
• 門徒在猶太地受洗 — 約三	
• 井邊的婦人 — 約四	
• 許多撒馬利亞人信主 — 約四	
• 加利利人接待耶穌 — 約四	
• 官員的兒子復活 — 約四	
	• 耶穌在會堂裡教導（加利利）— 路四

「教會」門外	「教會」門內
	• 耶穌念以賽亞書六十一章（拿撒勒）— 路四
	• 人們試圖殺害耶穌 — 路四
	• 耶穌在迦百農教導 — 太四；可一；路四
	• 趕出邪靈污鬼—可一；路四
• 醫好彼得的岳母 — 太八；可一；路五	
• 污鬼被趕出來；許多人得著醫治 — 太八；可一；路四	
• 耶穌到曠野去 — 可一；路四	
• 人們跟從耶穌；試圖把耶穌留下來 — 可一；路四	
	• 耶穌傳道；趕鬼 — 可一；路四
• 耶穌在彼得的船上教導眾人 — 路五	
• 彼得最大的漁獲 — 路五	

「教會」門外	「教會」門內
• 彼得、安得烈、雅各、約翰跟隨耶穌 — 太四；可一；路五	
• 耶穌潔淨一個大痲瘋病人 — 太八；可一；路五	
• 耶穌的名聲增長；許多人來跟隨祂；各樣疾病被醫治 — 太四	• 耶穌在會堂裡教導 — 太四
	• 耶穌傳講天國的福音、醫治各樣的病症 (?) — 太四；路五
• 耶穌退到曠野禱告 — 路五	
• 耶穌醫治從屋頂縋下的癱子 — 太九；可二；路五	
• 耶穌在海邊教導人 — 可二	
• 耶穌呼召馬太 — 太九；可二；路五	
• 耶穌和罪人一同吃飯 — 太九；可二；路五	
• 畢士大池裡的人得醫治 — 約五	

「教會」門外	「教會」門內
• 耶穌的門徒在安息日掐麥穗 — 太十二；可二；路六	
	• 耶穌在會堂裡教導人;醫治枯乾一隻手的人 — 太十二；可三；路六
	• 法利賽人商議殺害耶穌 — 太十二：14；可三：6；路六：11
• 耶穌離開那裡；醫好所有來到祂面前的人 — 太十二；可三	
• 耶穌醫治又瞎又啞的人 — 太十二；路十一	
• 耶穌被指控是靠著別西卜趕鬼 — 太十二；可三；路十一	
• 耶穌以約拿的神蹟預言自己 — 太十二	
• 耶穌描述被趕出的污鬼 — 太十二	
• 耶穌上山；整夜禱告 — 可三；路六	

「教會」門外	「教會」門內
• 耶穌設立十二使徒 — 　可三；路六	
• 耶穌來到一塊平地上，醫 　治所有來到祂面前的人 — 　路六	
• 登山寶訓 — 太五-七； 　路六	
• 百夫長的僕人得醫治 — 　太八；路七	
• 拿因城的年輕人從死裡復活 　— 路七	
• 施洗約翰懷疑耶穌 — 　太十一；路七	
• 耶穌談論施洗約翰 — 　太十一；路七	
• 耶穌宣講不悔改的城有禍了 　— 太十一	
• 耶穌邀請所有勞苦的人到 　祂面前 — 太十一	

「教會」門外	「教會」門內
• 耶穌和十二門徒 周遊各城 各鄉，宣講神國的福音；醫 治各樣的病症 — 太九； 可六；路八	• 耶穌在會堂裡教導人 — 太九；可六
• 耶穌用比喻講道 — 太十三；可四；路八	
• 耶穌宣告祂真實 的母親和 弟兄是誰 — 太十二； 可三；路八	
	• 耶穌在拿撒勒的會堂 教導 人，但是無法在那裡行什麼 異能 — 太十三；可六
• 耶穌談到人子沒有 枕頭的 地方，又說任憑死人埋葬死 人 — 太八	
• 耶穌平息風浪 — 太八； 可四；路八	
• 格拉森被群鬼附的 人得到 釋放 — 太八；可五；路八	
• 耶穌搭船回去；眾人欣然 接待祂 — 可五；路八	

「教會」門外	「教會」門內
• 睚魯的女兒從死裡復活 — 　太九；可五；路八 • 血漏的女人摸了 耶穌的衣 　裳繸子便得醫治 — 太九； 　可五；路八 • 兩個跟著耶穌的瞎子得醫治 　— 太九 • 耶穌賜下能力權柄 給十二 　門徒，制伏一切的 鬼，醫 　治各樣的病；並差遣他們去 　宣傳神國的道，醫治病人 　— 太十；可六；路九 • 耶穌和門徒退到曠野去 — 　太十四；可六；路九；約六 • 耶穌對人們講論 神國，醫 　治需要醫治的人 — 　太十四；可六；路九；約六 • 耶穌餵飽五千人 — 　太十四；可六；路九；約六	

「教會」門外	「教會」門內
• 眾人想逼耶穌做王；耶穌催祂的門徒先渡到湖的另一邊去；叫眾人散開；之後就往山上去禱告 — 太十四；可六；約六	
• 耶穌在海面上行走 — 太十四；可六；約六	
• 眾人來到革尼撒勒 地找耶穌，把所有的病 人帶到祂那裡；凡是摸著耶穌衣裳繸子的人就都得了醫治；耶穌說祂就是生命的糧 — 太十四；可六；約六	
• 法利賽人問耶穌關 於犯 遺傳不洗手的事 — 太十 五；可七	
• 敘利腓尼基族婦人 的女 兒得著醫治 — 太十五；可七	
• 成群結隊的百姓帶 著許多需要被醫治的人來到耶穌那裡，耶穌就醫治他們 — 太十五；可七；約七	

「教會」門外	「教會」門內
• 耶穌醫治了耳聾舌結的人 — 可七	
• 耶穌餵飽四千人 — 太十五；可八	
• 耶穌囑咐門徒防備 法利 賽 人和撒都該人的酵 — 太十六 ； 可八	
• 耶穌醫好伯賽大的瞎子 — 可八	
• 彼得的信仰告白 — 太十六；可八；路九	
• 耶穌預言自己的 受苦、 被 棄絕、死和復活 — 太十六；可八；路九	
• 彼得勸阻耶穌 — 太十六； 可八	
• 耶穌敘述當門徒的 代價和 獎賞 — 太十六； 八；路九	
• 耶穌登山變像 — 太十七； 可九；路九	
• 耶穌醫好患癲癇的男孩 — 太十七；可九；路九	

「教會」門外	「教會」門內
• 耶穌第二次預言自己將被交在人手裡 — 太十七；可九；路九	
• 耶穌在迦百農用從魚口裡得到納稅的錢 — 太十七	
• 耶穌教導誰願為小，他便為大，又說不敵擋我們的，就是幫助我們的 — 可九；路九	
	• 耶穌上到耶路撒冷守住棚節 — 約七
	• 耶穌在聖殿裡教導人 — 約七
	• 行淫時被捉的女人 — 約八
	• 耶穌在聖殿裡和猶太人與法利賽人對話 — 約八
	• 猶太人拿石頭要打耶穌，耶穌卻從殿裡出去了 — 約八
• 耶穌醫治生來瞎眼的人；猶太人把這人趕出會堂；因他承認耶穌是神的兒子 — 約九	

「教會」門外	「教會」門內
• 耶穌宣稱自己是好牧人 — 約十	
	• 耶穌參與修殿節 — 約十
	• 耶穌說祂所行的事可以 見證祂是誰;祂與父原為一 — 約十
	• 猶太人再一次想拿石頭 打耶穌;又想捉拿祂 — 約十
• 耶穌往約旦河外去; 在那裡信耶穌的人就多了 — 約十	
• 耶穌對想跟從祂的 人所做出的回應 — 路九	
• 耶穌差遣七十人施 行醫治、宣揚神國 — 路十	
• 那七十個人歡歡喜 喜地回來;他們被賦予權柄及勝過仇敵一切的能力;耶穌被聖靈感動就歡樂 — 路十	
• 好撒馬利亞人的比喻 — 路十	

「教會」門外	「教會」門內
• 耶穌與馬利亞和馬大 — 　路十	
• 耶穌教導禱告 — 路十一	
• 有人指控耶穌是靠著鬼王 　趕鬼；耶穌解釋趕鬼會發生 　的事 — 路十一	
• 耶穌回應一個女人說：懷 　胎乳養耶穌的有福了 — 　路十一	
• 耶穌描述邪惡的世代人們 　求看神蹟帶來的後果 — 　可十一	
• 燈光、身上的光 — 可四； 　路十一	
• 耶穌和一個法利賽人吃飯 　卻不洗手；傳講法利賽人和 　律法師有禍了 — 路十一	
• 耶穌對無數的群眾講道 — 　路十二	
• 有個人請耶穌吩咐他的兄 　長和他分家業 — 路十二	

「教會」門外	「教會」門內
• 耶穌教導財主的比喻；不要為生命憂慮；先求神的國；預備好主的再來；祂來不是帶來太平乃是紛爭；分辨時候；和你的對頭和好，恐怕他把你送給審判官 — 路十二	
• 你們若不悔改，都要如此滅亡 — 路十三	
• 不結果子的無花果樹的比喻 — 路十三	
	• 安息日，耶穌在會堂裡醫治一個病了十八年，腰彎得直不起來的女人 — 路十三
	• 神的國就像結實的種子；芥菜種；藏在麵裡的麵酵 — 可四；路十三
• 耶穌往耶路撒冷去，在所經過的各城各鄉教訓人 — 路十三	

「教會」門外	「教會」門內
• 耶穌說許多人將會想 要進窄門，但卻是不能 ── 路十三	
• 有幾個法利賽人要耶 穌快離開，因為希律想殺祂 ── 路十三	
• 耶穌為耶路撒冷哀哭 ── 太廿三；路十三	
• 耶穌醫治患水臌的 人，同時辯護在安息日治病的正當性 ── 路十四	
• 耶穌講到赴筵聚會時 先坐在末位；邀請貧窮殘疾者取代你的朋友；提到不配赴晚筵的受邀者 ── 路十四	
• 作門徒的代價 ── 路十四	
• 失了味的鹽 ── 可九； 路十四	
• 失羊的比喻與失錢的比喻 ── 路十五	
• 浪子的比喻 ── 路十五	

「教會」門外	「教會」門內
• 不義管家的比喻；人在最小的事上忠心也會在大事上忠心；沒有人能事奉兩個主 — 路十六	
• 律法和先知到約翰為止 — 路十六	
• 休妻、再婚、犯姦淫、獨身 — 太十九；可十；路十六	
• 財主和拉撒路 — 路十六	
• 世界有禍了，因為將人絆倒 — 太十八；可九；路十七	
• 小的便為大；將小子絆倒的後果 — 太十八；可九；路十七	
• 失羊的比喻 — 太十八	
• 面對得罪人的弟兄 — 太十八；路十七	
• 不饒恕人的惡僕 — 太十八	
• 像芥菜種的信心 — 路十七	
• 僕人在自己吃喝以前 先伺候主人 — 路十七	

「教會」門外	「教會」門內
• 耶穌離開加利利，來到猶太的境界約旦河外；有許多人跟著祂；祂在那裡治好了他們 — 太十九；可十	
• 十個痲瘋病人得醫治 — 路十七	
• 神的國就在你們心裡 — 路十七	
• 神國的來到，好像挪亞和羅得的日子 — 路十七	
• 寡婦和不義之官的比喻 — 路十八	
• 法利賽人和稅吏的禱告 — 路十八	
• 容許小孩子到這裡來 — 太十九；可十；路十八	
• 富足的少年官 — 太十九；可十；路十八	
• 葡萄園工人的比喻 — 太二十	
• 耶穌再預言自己的死 — 太二十；可十；路十八	

「教會」門外	「教會」門內
• 雅各和約翰的母親求 耶穌讓她兒子在祂的國度裡坐在耶穌身邊 — 太廿；可十 • 耶穌醫好了路旁討飯的瞎子 — 太廿；可十；路十八 • 撒該接待耶穌 — 路十九 • 才幹的比喻 — 太廿五；路十九 • 耶穌聽見拉撒路病 了；使拉撒路復活 — 約十一 • 猶太人密謀殺害耶 穌；耶穌前往以法蓮和門徒同住 — 約十一 • 耶穌到了伯法其和伯 大尼，在橄欖山那裡 — 太廿一；可十一；路十九；約十二 • 有人給耶穌預備筵 席；馬利亞膏抹耶穌的腳，又用自己頭髮去擦 — 約十二	

「教會」門外	「教會」門內
• 許多人來看耶穌和拉撒路；祭司長商議要殺拉撒路 — 約十二	
• 耶穌打發兩個門徒去取一匹驢駒；耶穌騎著驢駒進耶路撒冷 — 太廿一；可十一；路十九；約十二	
• 耶穌為耶路撒冷哀哭 — 路十九	
	• 耶穌趕出聖殿裡作買賣的人 — 太廿一；可十一；路十九
	• 耶穌天天教導人；治好了殿裡的瞎子和瘸子；整夜在橄欖山上；眾百姓清早上聖殿聽祂講道 — 太廿一；可十一；路十九，廿一
• 無花果樹枯乾 — 太廿一；可十一	
	• 宗教領袖質問耶穌的權柄 — 太廿一；可十一；路廿
	• 兩個兒子的比喻 — 太廿一

「教會」門外	「教會」門內
	• 凶惡園戶的比喻 — 　太廿一；可十二；路廿
	• 頭塊房角石 — 太廿一； 　可十二；路廿
	• 宗教領袖想方法要捉拿耶穌 　— 太廿一；可十二；路廿
	• 婚筵的比喻 — 太廿二
	• 納稅給凱撒 — 太廿二； 　可十二；路廿
	• 撒都該人質問復活的事 — 　太廿二；可十二；路廿
	• 最大的誡命 — 太廿二； 　可十二
	• 基督怎麼被稱為大衛的子 孫 　？ — 太廿二；可十二； 　路廿
	• 要防備文士；文士和法利 賽 　人有禍了 — 太廿三； 　可十二；路廿
	• 寡婦奉獻的小錢 — 　可十二；路廿一
	• 希臘人求見耶穌 — 約十二

「教會」門外	「教會」門內
• 關於以色列、教會、和世界的預言 — 太廿四；可十三；路廿一 • 十童女的比喻 — 太廿五 • 分別綿羊與山羊 — 太廿五 • 耶穌向門徒預告自己 將在逾越節被釘在十字架上 — 太廿六	
	• 猶大和祭司長與守殿官密 謀出賣耶穌 — 太廿六；可十四；路廿二
• 耶穌說「人子得榮耀 的時候到了。」又說「信我的就是信那差我來的。」— 約十二 • 最後的晚餐 — 太廿六；可十四；路廿二 • 耶穌洗門徒的腳 — 約十三 • 耶穌預言自己被出賣 — 太廿六；可十四；路廿二；約十三	

「教會」門外	「教會」門內
• 耶穌回答門徒關於他 們中間哪一個可算為大的爭論 — 路廿二	
• 耶穌賜下新的命令 — 約十三	
• 耶穌預言門徒跌倒；彼得不認主；在耶穌復活以後，祂會在門徒以先往加利利去 — 太廿六；可十四；路廿二；約十三	
• 耶穌對門徒的臨別贈言 — 約十四 - 十六	
• 耶穌向天父禱告 — 約十七	
• 耶穌要門徒帶著錢囊和刀 — 路廿二	
• 耶穌和門徒唱詩 — 太廿六；可十四	
• 耶穌在客西馬尼禱告 — 太廿六；可十四；路廿二；約十八	

「教會」門外	「教會」門內
• 耶穌被賣及被捕；大祭司僕人的耳朵被削掉，耶穌治好他 — 太廿六；可十四；路廿二；約十八	
	• 耶穌受審（宗教上的）— 太廿六；可十四；路廿二；約十八
	• 彼得不認耶穌 — 太廿六：69；可十四：66；路廿二：55；約十八：15
• 耶穌受審（法律上的）— 太廿七；可十五；路廿三；約十八 - 十九	
• 耶穌被兵丁戲弄 — 太廿七；可十五	
• 各各他之路 — 太廿七；可十五；路廿三；約十九	
• 耶穌被釘十字架 — 太廿七；可十五；路廿三；約十九	

「教會」門外	「教會」門內
• 耶穌的身體被安放在墳墓裡 — 太廿七；可十五；路廿三；約十九	
• 空墳墓與復活的基督 — 太廿八；可十六；路廿四；約廿	
• 耶穌向婦女顯現 — 太廿八；可十六；約廿	
• 耶穌在以馬忤斯路上 遇見兩個門徒 — 可十六；路廿四	
• 耶穌在耶路撒冷向門徒顯現 — 可十六；路廿四；約廿	
• 耶穌在提比哩亞海邊 向門徒顯現 — 約廿一	
• 耶穌三次問彼得是否 愛祂；彼得問耶穌約翰將來如何 — 約廿一	
• 門徒在加利利遇見耶穌；大使命；囑咐在耶路撒冷等候天父的應許 — 太廿八；可十六；約廿；徒一	

「教會」門外	「教會」門內
• 耶穌升天 — 可十六；路廿四；徒一	

　　神是否可能透過這種方式傳達給我們某種訊息？如果絕大多數耶穌生平的重要事件和事奉都發生在「教會聚會」以外，同樣的事情也應該會發生在我們的生活中！耶穌的生命就是我們的榜樣！

「中間」時刻

　　在檢視耶穌事奉重要事件清單時，你也許會注意到一件事，那就是耶穌做的事情很少是事先安排好的。舉例來說：

• 當耶穌遇見井邊的婦人時，祂只是經過撒馬利亞。有人也許會稱之為一次「巧遇」，但這卻帶來整個敘加城的復興。

• 在路加福音第七章，當一個寡婦的兒子正被抬出來的時候，**耶穌恰好經過**送殯的行列，便使他從死裡復活。

• 格拉森被群鬼附的人，在岸邊遇到耶穌後就得到了釋放。

• 睚魯的女兒復活，是因為他來求耶穌到他家裡去。

• **在前往睚魯家途中**，患血漏的女人在摸到耶穌衣裳繸子時就得了醫治。

• 巴底買能夠看見，是**在耶穌經過**巴底買坐著討飯的路旁之後。

• 彼得承認耶穌是基督的信仰告白，是**在他們**往凱撒利亞腓立比**的路上**。

• 撒該得救，是**在耶穌經過**叫他的名字之後。

• 還有許許多多的例子……

　　在每一個情況中你都可以發現，這些「突發狀況」都發生在耶穌原本計畫**前往其他地方**的時候。

　　我們開始瞭解到，我們可能會將那些我們以為很重要的事情安排在行程表裡，但**神卻在這些預定的事情中間讓一些「神聖的會面」發生**，而許多時候這些事情卻變成我們生命中**真正**重要的事情。我們必須認出神會在「中間時刻」裡行事。

　　「人心籌算自己的道路，惟耶和華指引他的腳步。」（箴言十六章9節）

　　「耶和華啊，我曉得人的道路不由自己，行路的人也不能定自己的腳步。」（耶利米書十章23節）

　　「義人的腳步被耶和華立定；他的道路，耶和華也喜愛。」（詩篇卅七章23節）

　　2005年三月，我到新罕布夏州（New Hampshire） 參加一個訓練課程，那堂課是為了裝備我日後能夠教導某一門課程，有一群從蘇格蘭來的信徒們也來參加同一門訓練課程。在這長達一週的課程中，我們會在課堂間互相交流，我就在那時候認識了查克、理克和海瑟。有一次，事工基地在英國的查克邀請我在每年夏天舉辦的CLAN全國基督徒連結網絡（Christians Linked Across the Nation）集會期間，到蘇格蘭的聖安德魯斯（St. Andrews）參加由他帶領的事工團隊。在參加過第一次CLAN的集會之後，我深深的被吸引，隔年又去參加了一次。

　　然而事情在那之後出現了變化，查克轉而去做其它的事情，不再繼續帶領那些團隊了。那時，我也認為自己在那裡的

時間可能會結束，因為團隊大概會交由不認識我的人來帶領；然而後來團隊卻交棒給也認識我的理克，他請我隔年再繼續和這些團隊一同服事。一兩年之後，由於理克被擢升到更高的職位，團隊的領導人再次換手。這一次，團隊領導交給了海瑟，也是我在新罕布夏州訓練課程上認識的人，而我仍然持續受邀回去幫助這個事工團隊。

有趣的是，我不再教我原本去新罕布夏州接受培訓的那門課程了，但就在寫這本書的時候，我正在計畫第七次前往蘇格蘭在CLAN集會中和朋友們一起服事呢！

所以⋯⋯到底神在新罕布夏州這個訓練課程的真正目的是什麼？在腦海中，我本來已經安排好一段時間接受培訓，以裝備我能教某一門課，但神卻有其它的計畫。在那一週訓練課程的課堂間，祂安排我接觸了幾位能開啟我在蘇格蘭事奉大門的人 — 這些都是我無法開啟的門，無論自己做了多少規劃！

事實上我在參加過CLAN的特別聚會後才真正把這樣的原則帶回家 — 神的確會在我們計畫的事件中間，為我們安排神聖的 會面。

在CLAN的特別聚會期間，我參加了由許多優秀的領袖教授的課程。在每一堂課的開始，我都會打開筆記本，在每頁的開頭寫下這一堂課的名稱。然而不只一次在上完課後，留下的卻只是一張什麼都沒寫的白紙。但是我卻能在課程外與人有深刻、重要的會面，並在當天結束時在筆記本上記錄下這一切。

這類的事情發生得太過頻繁，以致於我沒有辦法忽略這種強烈的對比。在那一週結束之後，當我回過頭來看，翻了翻過去一週我在筆記本上寫下的東西，最重要的事情都是在既定的課程之外，那些未經計畫與安排的不期而遇。

耶穌的生命就像這樣。在耶穌的事奉中，多數重要而顯著的事件都發生在計畫的行程中間，在祂從一個地方前往另

一個地方的時候，這些對耶穌的行程表而言可以說是「突發狀況」。我們的生活有時候也像這樣，我們只是需要醒過來、正視這項事實罷了。

這就是神做事的法則 —— 在我們計畫的行程中間動工。同樣 在另一個例子中，神教導我們有智慧地利用這些「中間時刻」將祂的誡命傳授給我們的兒女。

> 「又要殷勤教訓你的兒女。無論你坐在家裡，行在路上，躺下，起來，都要談論。」（申命記六章7節，十一章19節）

在此，祂特別指示我們利用我們坐在家裡、行走在外、躺著、起床的時間。祂特地描繪在所安排行程中間的這些時間 —— 就是可能當我們從某個行程回來，前往下個行程之前的一些準備時間。

從神的觀點看待突發狀況

神聖的會面常常會喬裝成突發狀況，他們往往帶著惡劣的態度、在不便的時間點、舉止失當地出現。聖經上的例子包括格拉森被鬼附的人、敘利腓尼基族的婦人、坐在路旁大聲喊叫的瞎子……可以說幾乎所有耶穌遇到過的重要交會都具備了這些特質。

在耶穌用愛服事他們之前，祂沒有要求人們必須潔淨自己，並且帶著尊敬合宜的態度、及採用適當的禮儀才能接近祂。祂只是在他們遇見祂時照著他們的本相接納了他們，同時以神的愛和權能觸摸了他們，滿足了他們的需要。

> 「惟有基督在我們還作罪人的時候為我們死，神的愛就在此向我們顯明了。」（羅馬書五章8）

當我們將心思專注於已經計畫好了的某個特定會面或事件，我們很容易將這些突發狀況視為攔阻我們前往目標的障

礙，甚至可能會認為這些是撒但的攻擊，以致於我們無法達到自己的目的。

事實上，這些事可能是我們一天當中遇到最重要的事件。這些所謂的「突發狀況」可能是早在我們出生之前神就定意為我們安排的事件，因此我們必須改變自己看待這些突發狀況的方式。為了能夠正確地看待這些事情，將之視為神所賜的神聖會面，**我們必須重新訓練自己**，欣然接受這些突發狀況，如同帶著命定的會面一樣。

此外，隨著我們重新認知到這些突發狀況的重要性，我們必須訓練自己提高敏感度，**好使我們能更加「投入」，並且能夠意識**到神所命定的會面很可能隨時都會出現 — 未經警告、也沒有任何提示告訴我們他們在永恆裡的意義。我們必須準備好迎接這些突發狀況，**即使他們是在最不方便的時間點出現，即使他們帶著惡劣的態度、以不恰當的行為，並且用那些可能會冒犯我們、意想不到的方式。**

溪流國際事工（Streams　Ministries）的創辦人約翰保羅•傑克森（John Paul Jackson）曾有過一次經驗，是神讓他看到某位信徒一天的生活。那是一個充滿突發狀況的一天，在約翰保羅的經驗裡，他看到這個女人一天的經歷，因著許多的突發狀況而感到十分挫敗，但是神「將布簾掀開」 — 可以這麼說，讓約翰保羅看見靈界發生了什麼事。他看見神是如何精心安排這些所謂的「突發狀況」去完成祂的旨意，將神國帶進這位信徒的生活環境中，永遠改變一位收銀員的生命。

然而在約翰保羅的經驗裡，那位信徒並沒有意識到她周遭看不見的靈界裡那些混亂的騷動。她並沒有察覺到神為她的生命，精心安排了環境中各種明顯的「突發狀況」，她似乎只是經歷了充滿了挫敗感的一天，不斷地被迫調整、改變她原先計畫去做的事情。

遺憾的是，這個紀錄了約翰保羅敘述這次經驗的影片只提供英文版本，但如果你聽得懂英文，我強烈推薦你上網搜尋這支影片自己觀看。你應該可以在網路上找到這一支在Vimeo的四部講道系列影片：「暴風雨、信心、與超自然」（Storms, Faith & the Miraculous, Part 2），這個故事大約在這個系列的第二部裡 的十一分二十秒左右開始（Jackson，2007）。

當羅蘭•巴刻（Roland Buck ）於1977年一月二十一日被提到天上大寶座的房間裡那一天，神給他一張紙，上面列出不久的將來會發生在他身上的120件事情。在他的天堂遊歷之後，這些事情隨即一件一件開始依照它們被寫在紙上的順序發生了。

> 在這張紙上，祂沒有告訴我祂會把每一件會發生的事都寫下來。祂說：「我只想挑出幾件事情讓你看看，讓你可以確信神真的在動工。」因此，無庸置疑地，在這些事件之間有數以百計的事情，但祂讓我看到其中的幾件事，就像是沿路的標記一樣。我遇過有一些人會問我，「所以那120件事是什麼呢？當它們全部成就了，接下來又會發生什麼事呢？」而我只是告訴他們這些事早就安排好了，我們總會在生命的另一頭得知真相，只是目前我一無所知。
> (Buck，1979)

你可以到 www.angelsonassignment.org 聽聽羅蘭•巴刻在他錄製的講道裡敘述這個故事，以及許多其它的故事（只有英文版本）。我建議你從「Throne Room Experience」及「Throne Room Sequel」這兩段開始。

如果我們能窺見神是如何精心編排我們日常生活當中那些看似微不足道的情況，我們就會感受到全然的篤定與平安，因為知道**一切的事情**神都掌權，也因此更能意識到神在生命裡每時每刻所做的事情，我們可以選擇與神同工，而非抗拒神的作為。

但是如果有些突發狀況真的是來自撒但的作為，又該怎麼說呢？我們還應該將這些**問題**視為神的旨意並且為此**感謝**祂嗎？如果我們能夠看到在生命的另一端所等候的，定會為此獻上感謝！

「我的弟兄們，你們落在百般試煉中，都要以為大喜樂；因為知道你們的信心經過試驗，就生忍耐。但忍耐也當成功，使你們成全、完備，毫無缺欠。你們中間若有缺少智慧的，應當求那厚賜與眾人、也不斥責人的神，主就必賜給他。」（雅各書一章2-5節）

如果覺得沒有辦法在困難中喜樂，雅各說這是因為我們缺少了智慧 — 我們沒有用神看待環境的方式來看待它們。我們可以尋求智慧，將所遭遇到的問題視為神為我們成就偉大工作的良機。

你或許會想：「你並不知道我的問題是什麼！」或許沒錯，但我們當中的任何人曾經遇過比耶穌經歷的問題更大嗎？祂當時被宣判釘十字架的刑罰，那是很大的問題，對吧？但聖經告訴我們：如果黑暗勢力當時知道那會帶來什麼結果，牠們永遠也不會讓這些事發生。牠們讓它發生了，卻也將永遠悔恨不已！

「我們講的，乃是從前所隱藏、神奧秘的智慧，就是神在萬世以前預定使我們得榮耀的。這智慧世上有權有位的人沒有一個知道的、他們若知道，就不把榮耀的主釘在十字架上了。」（哥林多前書二章7-8節）

對你來說也是如此。撒但或許會策劃行動攻擊你，**當你發現自己處在這些景況裡，就感謝神吧**，因為神會為此成就極大的勝利。那就是耶穌在登山寶訓裡教導的（馬太福音五章11-12節）；也是早期的門徒在面對非常困境時回應的方式（歌羅西書一章24節，彼得前書一章6-8節）；也是使徒勸誡

我們在各樣的景況中該有的回應（帖撒羅尼迦前書五章16節）。

> 「凡事謝恩；因為這是 神在基督耶穌裡向你們所定的旨意。」（帖撒羅尼迦前書五章18節）

> 「我想，現在的苦楚若比起將來要顯於我們的榮耀就不足介意了。」（羅馬書八章18節）

> 「親愛的弟兄啊，有火煉的試驗臨到你們，不要以為奇怪（似乎是遭遇非常的事），倒要歡喜；因為你們是與基督一同受苦，使你們在祂榮耀顯現的時候，也可以歡喜快樂。」（彼得前書四章12-13節）

記得約伯嗎？神恢復他之後，他所得到的是撒但攻擊他之時所有的兩倍之多。

> 「約伯為他的朋友祈禱。耶和華就使約伯從苦境轉回，並且耶和華賜給他的比他從前所有的加倍。這樣，耶和華後來賜福給約伯比先前更多。」（約伯記四十二章10，12節）

記得但以理嗎 — 那個曾經被扔在獅子坑裡的人？被扔在獅子坑的事件在但以理的生命計畫裡無疑地是個極大、極不受歡迎的突發狀況了吧？但即使經歷了這些，他依舊專注在神身上。對於神在掌管他的環境，他完全有信心，並未抱怨、咒詛讓他身陷困境的人。事實上，當但以理在獅子坑裡平安度過一夜得以生還之後，他脫口而出的第一句話是向那位下令將他扔進獅子坑的王說祝福的話哩！

這個在但以理生命中極不受歡迎、極不愉快的突發狀況，最終帶來的結果卻是王傳旨給瑪代波斯王國的每個人，讚美神並且**命令**每個人都要尊崇但以理的神！然而，這故事並未就此結束，事實上，直到如今這故事依舊不斷地在世界各地重複上演，持續歸榮耀給神！

而這一切全都源自於一個人生命中出現的一個突發狀況！

想一想沙得拉、米煞、亞伯尼歌，他們被扔在烈火的窯中呢！這是他們計畫中**非常大**的突發狀況，對吧？但他們仍然親口向王承認他們完全信任神在他們的處境中掌權。

> 「即便如此，我們所事奉的神能將我們從烈火的窯中救出來。王啊，祂也必救我們脫離你的手；即或不然，王啊，你當知道我們決不事奉你的神，也不敬拜你所立的金像。」（但以理書三章17-18節）

由於他們生命中的這個「突發狀況」，巴比倫王（當時世界上最有權勢的人）甚至在口頭上尊榮神，並在他的國中降旨，沒有人能謗讟沙得拉、米煞、亞伯尼歌的神。他也親自高升了這三個人，使他們擔任巴比倫王國重要的官職。

全都是源自於這些人生命中的一次突發狀況。

那麼還有約瑟呢？當他被自己的親生兄弟丟在坑裡、賣做奴隸、遭到不實的指控、之後又被下在監裡，原來蒙愛之子一般的人生殘酷地被打斷了！在這許多的事情中間，約瑟始終相信神在他生命中任何的環境完全掌權。在他被擢升成為全埃及（後來因為飢荒而成為全世界）第二有權勢的人之後，他得以和製造這些麻煩而改變他一生的兄弟們重聚時，約瑟的回應是：

> 「從前你們的意思是要害我，但神的意思原是好的，要保全許多人的性命，成就今日的光景。」（創世記五十章20節）

但萬一這樣的狀況已經嚴重到會帶來死亡，就像耶穌和司提反捨身、殉道那樣的情況了呢？或許那就是我們能真實經歷到我們對神國的影響力成倍數擴張的神蹟之時了！如同耶穌所說：「我實實在在的告訴你們，一粒麥子不落在地裡死了，仍

舊是一粒，若是死了，就結出許多子粒來。」（約翰福音十二章24節）

當耶穌的生命和服事遭到「中斷」，就如但以理書九章26節所說，這卻可能是祂整個人生及服事生涯所能帶出最美影響力的事件！因為祂的死，隔斷神跟人之間的幔子永遠被撕裂了，救恩的道路也永遠為我們敞開了！

耶穌沒有將祂必須英年早逝這件事視為一件不好的事情，祂看到了這件事將會帶給所有人的豐盛祝福！祂也明白祂的死能夠使我們經歷到聖靈前所未有的工作！

「然而，我將真情告訴你們，我去是於你們有益的；我若不去，保惠師就不到你們這裡來；我若去，就差祂來。」（約翰福音十六章7節）

也許你會說，「但那是耶穌啊！」，祂是特殊案例，不是嗎？會有好事因為一個普通人的死亡而發生嗎？

白鴿事工（WhiteDove　Ministries）的創辦人保羅基斯・戴維斯曾經得到一個關於司提反殉道的啟示。在保羅基斯的啟示裡，當魔鬼設法使眾人奪去司提反的生命時（如同使徒行傳七章所記載）主卻用撒但手下的一顆明星，也就是大數人掃羅，來作為交換。當他成為了使徒保羅，他對黑暗國度造成的傷害可能比司提反一輩子所能做的更大。

保羅基斯・戴維斯曾經多次在他的講道信息裡提到這個啟示。雖然只有英文，你還是可以在Youtube找到他的講道：例如，你可以在威斯康辛州萊斯湖（Rice Lake, Wisconsin）的新生命基 督教會（ New Life Christian Church ）2011年八月二十日，週六的晨間聚會講道裡聽到這段大約有十九分鐘左右的信息。（Davis，2011）

魔鬼從來就贏不了。常常我們會覺得牠贏了，那是因為我們的眼光太狹隘。許多時候死亡並不是故事的結束；相反地，死帶來了極大的豐收與極大的福份！

想一想瑞秋・史考特（Rachel Scott），科倫拜校園事件慘案中的頭幾名受害者之一，她原本的心願是能用基督的愛接觸到廣大的群眾。她的葬禮上分享了許多關於神良善的見證，透過CNN不間斷地播送，使世界各地的人都能看到，收看這場葬禮轉播的人遠超過這個電視台其它播放的節目，就連戴安娜王妃的葬禮也都相形失色。瑞秋的影響力至今依舊流傳，並且透過「瑞秋的挑戰」（Rachel's Challenge）這個機構，和其它運動持續 成長，對百萬人的生命帶來影響。 （Scott, Nimmo, & Rabey, 2000）

撒但從來就贏不了，牠也沒辦法贏。牠只是一再嘗試重複著同樣的把戲，而神不斷地翻轉一切、讓萬事互相效力，叫愛牠的人得著益處，就是按牠旨意被召的人。（羅馬書八章28節）

學習與神在你生命中的作為同工吧。當你開始抱怨環境，用自己的方式處理問題，你就是將這些難題從神的手中拿走。

門徒操練：
用神看待突發狀況的方式看待它們

目的：對於神所賜予的神聖會面能更加敏銳。

多頻繁？每一天，連續三週，或是直到這成為一種習慣。

與其將這些突發狀況視為攔阻我們達到目的的障礙，不如開始將這些「突發狀況」視為從神而來的神聖會面。

- 每天早晨為了接下來一整天可能會發生的突發狀況感謝神，感謝祂以這些神聖的會面來打斷你的行程表。

- 每天早晨預備你自己，請求神幫助你對事情做出正確的回應，並且不會被這些事情所冒犯：

    o 造成不便的突發狀況

    o 態度惡劣的人

    o 行為不恰當的人

- 當突發狀況發生時，感謝神，即便那些狀況看來似乎可能會帶來問題。（帖撒羅尼迦前書五章18節）

- 隨身帶著一本小筆記本，記下你一天當中會發生的各種狀況。

- 在那天結束後，想一想當天發生過的一兩件突發狀況，求問神祂在這些事情上面的旨意是什麼。神在這些事情上面還有沒有更多要完成的工作？你在這些事情上面有沒有可能用更好的方式回應以表明神的愛？

在我開始這樣的門徒操練多年之後，我才很驚訝地讀到戴爾‧卡內基（Dale Carnegie）寫到有關於一位華爾街銀行總裁每週都做類似練習的故事：

一間重要的華爾街銀行的總裁在我的一堂課開始前的談話中曾經這樣敘述，他用一套非常高效率的機制來做自我提升。這個人只受過一點正規教育；但他已經成為美國最重要的金融家之一，他認為，他大部分的成功應該歸功於他不斷運用這套自創的機制。以下就是他在做的事，我盡可能準確地將我還記得他所說的話記錄下來。

多年來，我都擁有一本行事曆記載我一天的行程。我的家人從來不會在禮拜六晚上為我安排任何計畫，因為他們知道我會利用每個禮拜六晚上一部份的時間來自我省察與自我評量。吃過晚餐之後，我會獨自走開，打開我的行事曆，想一想過去一週所有發生過的面談、討論和會議。我會自問：

我當時犯了哪些錯誤？

我當時做的事情有什麼是對的？我可以用什麼方式改進我的表現？

我可以從那樣的經驗中學到什麼功課？

我常常發現每週的這項檢討讓我很不開心。很多時候我會驚訝於自己所犯的那些錯。當然，隨著日子一年一年過去，這些錯誤出現的頻率越來越少。有時候，在這樣的檢討時段之後我會想要拍拍自己的肩膀自我鼓勵一番。這一套自我解析、自我教育的機制持續了好幾年，對我的幫助比任何其它我曾經嘗試去做的事情還大。

這不但提升我做決定的能力，也為我在所有人際接觸上帶來極大的幫助，我強烈推薦這種方式。（Carnegie, 1936）

我們必須重新訓練自己，讓自己更警醒，明白神所命定的會面隨時都可能發生 — 在無預警的情況下，也沒有提示告訴我們 它們在永恆裡的重要性。

重要的事奉機會可能就在幾秒鐘裡來來去去，它們常常偽裝成突發狀況，帶著惡劣的態度與不恰當的行為。

「惟有基督在我們還作罪人的時候為我們死，神的愛在此就向我們顯明了。」（羅馬書五章8節）

與神同行

當我們開始為我們生活中的各種環境與各種突發狀況來感謝神，並且在一天的結束後為每件事情禱告，美好的事情就會開始發生。神會開始告訴我們關於未來生命中會發生的事情，並且會讓我們明白所經歷過的事情有怎樣的意義，我們就會開始**與神同行**。

「只等真理的聖靈來了，祂要引導你們明白一切的真理；因為祂不是憑自己說的，乃是把祂聽見的都說出來，並要**把將來的事告訴你們**。」（約翰福音十六章13節）

也許剛開始只是種初體驗，還不能時時刻刻經歷神的同在，但隨著神與我們分享祂看待事情的方式，與**祂**一同經歷各樣的景況，我們肯定已經開始在生活中**與**神同行。**與神同行**這件事會發生，是因為我們終於不再埋怨神在我們生命中帶來的各種狀況，也不再拒絕、反對它們，反而學會了接受、擁抱這些事物。因為這麼做，我們就認同了神在我們身上所做的工作。

我們若不認同神在生命中所做的事，不以感恩的心去擁抱且接受它，我們是無法全然與神同行的。

「二人若不同心，豈能同行呢？」（阿摩司書三章3節）

另一方面，神的容忍度是有限的，祂也只會忍受一定程度的抱怨。

「你們也不要發怨言，像他們有發怨言的，就被滅命的（死亡）所滅。他們遭遇這些事都要作為鑑戒（給我們的例證和警告）。」（哥林多前書十章10-11節，擴大版聖經）

當以色列子民在曠野中面臨十分艱難的環境時，神親自負起照顧他們的責任。當他們抱怨惡劣的環境，祂親自承擔。當以色列人抱怨祂，祂在一定限度的時間內聽他們抱怨，之後就把這些人交給滅命的，結束了他們的生命。哥林多前書十章11節清楚地表達出這不是單一事件。他們的審判對我們來說是個警告。如果像他們一樣，對於神帶到我們生命當中的環境發牢騷、抱怨連連，我們就不該對自己經歷類似以色列人所遭遇到的結果感到訝異。

無論是怎樣的觀念都該保持平衡

樂意將突發狀況視為神聖的會面不代表我們必須允許他人佔我們便宜，或讓他人把我們帶離了神所要呼召我們走的道路。在列王記上十三章有位無名的神人就發生過這樣一件災難性的慘劇。

這位神人向耶羅波安王傳遞一個大能的先知預言。然後，就在他要回家去的時候，一位老先知遇見他，並邀請他到家裡去，他告訴老先知神已經警告他在那裡不可吃飯喝水，也不可從他去的原路回來，那位老先知卻誆哄他，說有天使告訴他要帶他回家。在神人跟老先知一同吃喝之後，他在回家的路上就被一頭獅子咬死了。

耶穌歡迎突發狀況，但卻謹慎地衡量那樣的方式，祂也從來不將自己的命運交給他人的意志來決定。

「耶穌卻不將自己交託他們；因為祂知道萬人，也用不著誰見證人怎樣，因祂知道人心裡所存的。」（約翰福音二章 24-25 節）

福音書記載了許多次：耶穌要不就對那些可能會使祂偏離了呼召的人說「不」，要不然就是遠離人群，好使自己能回應尋求神的呼召。

「祂既辭別了他們，就往山上去禱告。」（馬可福音六章 46 節）

「人數約有四千。耶穌打發他們走了。」（馬可福音八章 9 節）

「耶穌既知道眾人要來強逼祂作王，就獨自又退到山上去了。」（約翰福音六章 15 節）

在另一個例子裡，當耶穌開始向門徒啟示祂即將被釘十字架的事情，彼得卻拉著祂到一旁，勸祂說：「主啊，萬不可如此！這事必不臨到祢身上。」耶穌轉過來，對彼得說：「撒但，退我後邊去吧！你是絆我腳的；因為你不體貼 神的意思，只體貼人的意思。」（馬太福音十六章 21-23 節）

每當耶穌經過獨自迫切禱告之後，祂總是十分敏銳，並且總是準備好展現出神大能的愛來回應眾人，即使他們看似會對祂造成困擾。

第五章
我們愛的是誰？

我們被吩咐去愛誰？

如果你相信我們應該要愛每一個人，請你再仔細看清楚：一件出乎我們意料的事情是，神從來沒有吩咐我們去愛每一個人。那是神的工作，祂大到足以愛所有的人。

「**神愛世人，甚至將祂的獨生子賜給他們……**」（約翰福音三章16節）

若是我們被吩咐去愛世上的**每一個人**，那就太強人所難了。我們怎麼可能冀望能實現這樣的目標？何況神也不曾交付我們如此的重任。

事實上，耶穌只有一次特別指出**一群**人吩咐我們去愛，那就是要「愛你們的仇敵」（馬太福音五章44節；路加福音六章27節）。**在其它的情況下**，祂吩咐我們將愛分送給有需要的**個人** - 專注在我們周遭有需要的人。這些事都是我們可以掌控的，也是耶穌希望我們專注在其上的。

「我這樣吩咐你們。是要叫你們**彼此**相愛。」（約翰福音十五章17節）

「要愛鄰舍如同自己。（或譯：愛人如己）」（馬太福音十九章19節，廿二章39節；馬可福音十二章31節；路加福音十章27節）

「我賜給你們一條新命令，乃是叫你們彼此相愛；我怎樣愛你們，你們也要怎樣相愛。你們若有彼此相愛的心，眾人因此就認出你們是我的門徒了。」（約翰福音十三章34-35節）

「你們要彼此相愛，像我愛你們一樣，這就是我的命令。人為朋友捨命，人的愛心沒有比這個大的。」（約翰福音十五章12-13節）

那麼……我們的事奉應該專注在誰身上？

神要我們專注服事每一位我們所遇到的窮苦軟弱者。

耶穌在路加福音十章25-37節裡，那個好撒馬利亞人的故事中給了我們一幅很清楚的圖像。

請注意，當撒馬利亞人停下來幫助這個有需要的人的時候，他其實正在前往另外一個地方的路途中，對他來說這是一個突發狀況。

我們蒙召並被吩咐成為有需要的人的「鄰舍」，並要憐憫他們。耶穌在講完「好撒馬利亞人的故事」之後接著說：「你去照樣行吧。」

就像海蒂•貝克常常說的：「單單去愛你眼前的那個人。」

「我差你們出去」

當耶穌差遣他的門徒，祂並**不是**差他們進入教會裡。耶穌乃是差他們效法祂的樣式，**出去**到各城各鄉。

想像一下。你正處在一間世界上最大的聖經學校，耶穌自己就是這間聖經學校的校長，同時祂也負責教授所有的科目。當你進入實習階段，你也許期待祂會把你分發到一間著名的教會裡擔任某個輕鬆的職務，例如助理牧師或青年傳道。事實卻不是這樣的，耶穌乃是差派他們**出去** — 效法祂的樣式，去到各城各鄉，　然後祂帶著自己的事工就跟在他們後面，進入相同的城市及鄉鎮（馬太福音十章1-16節；馬可福音三章13-15節，六章7-13節；　路加福音九章1-6節，十章1-17節）。耶穌差派門徒出去　的動作　更有助於我們觀察到，祂的事工焦點是專注在傳統教會聚會以外的相遇。

> 「那七十個人歡歡喜喜的回來，說：主啊！因你的名，就是鬼也服了我們。」（路加福音十章17節）

數十年來，美國的宣教策略一直都是以邀請人來到教會為主。探究箇中原因，不外乎「如果我們能讓大家進到教會試試　看，**那麼**他們就會接觸到他們所需要的服事，教會就可以『救　贖他們』。」

但若是用耶穌的方式做事，當我們單純地效法耶穌的榜樣去**到外面**服事人群，結果會是十分驚人的。在我自己的經驗裡，我很榮幸有機會與其他信徒去到節慶、特會（或其它類似的聚會）中參與服事，並與他人分享從神而來的愛。在那樣的場景中，通常我們會搭個棚子，或是駐紮在某個定點，服事向我們走來的人們。

當我們跟隨耶穌的榜樣，到教會聚會以外的地方服事人群，我們總是看到有許多人紛湧而上，讓我們難以一一服事到每個人的需求。我們經常無法計算那樣的外展工作中究竟有多少人得救、有多少人得到醫治及釋放，但是從這些經驗中我們已經　寫了好幾本美好而令人難忘的見證集！

耶穌吩咐我們把「教會」帶向人群（馬太福音廿八章19-20節），而不只是邀請人進到教會。

在德州達拉斯旅居教會（Sojourn　Church）的一場聚會中，我聽到約翰保羅•傑克森（John Paul Jackson）說道：「我是教　會裡長大的孩子，一輩子都在教會裡出入，但直到去到外面的街上時，我才真的看見神是誰。」而這句話居然是出自一位當時已經全時間服事神二十八年的人之口！

當天父召聚他們時

在做外展服事時，我們注意到當人們來到我們面前時，他們很容易向我們完全敞開。他們讓自己防衛的「高牆」和圍籬倒下，毫無保留地跟我們分享他們的問題和需求，自願表現出脆弱的一面。

我相信這種信任感是會不斷提升的 —至少在某些程度上—因為他們感覺到這樣的相遇**不是經過特定的安排**，至少我們不會試圖把他們推往某個特定的方向。

催促人做他們還沒準備好要做的決定，其實是很沒意義的，因為我們明白「若不是差我（耶穌）來的父吸引人，就沒有能到我（耶穌）這裡來的……」（約翰福音六章44節，擴大版聖 經）

事實上，催促人倉促地做決定是危險的。這可能會延誤了他們得到救恩的旅程、甚至讓他們更不願意靠近耶穌。耶穌在馬太福音十二章30節裡明明白白地警告我們：

> 「不與我相合的，就是敵我的；不同我收聚的，就是分散的。」

對我們來說，重要的是**參與**神在一個人生命中的工作，而**不是去抵擋**神的作為；如果我們能夠與神一起同工，我們將看見隨之而來為真道作證的神蹟。

> 「門徒出去，到處宣傳福音。主和他們同工，用神蹟隨著，證實所傳的道。阿們。」（馬可福音十六章20節）

若是反過來，我們在神帶領他們的時間尚未成熟之前就把人推往一個方向，我們會經歷到挫敗、抵抗、和拒絕；即使他們在我們的堅持下最終做了一個短暫的決定，這樣的決定往往會陷入無法持久的險境，因為那是**我們的**決定，不是**他們的**決定。他們可能很快就會跌倒離開神，之後要把他們帶回到耶穌身邊就更是難上加難了。這也是先前耶穌在馬太福音十二章30節裡警告我們的：「不同我收聚的，就是分散的。」

　　找到那些「分散的人」其實很容易。只要去問問他們對耶穌的看法如何，如果他們聽到耶穌的名字出現了負面的反應，就問他們原因。他們很可能會列舉出自己跟基督徒相處的負面經驗，因而導致他們離開耶穌，也離開了基督的教會，他們是「被趕散的」。

　　與基督徒曾有過的負面經驗，事實上會導致他們來到耶穌面前的難度雪上加霜。

　　為什麼當人們看到一個街頭佈道者，他們的反應常常是穿越馬路避到另一頭去，但無論耶穌走到哪裡，卻總有一大群人圍繞著？耶穌的服事有什麼如此吸引人？我們的服事又是什麼地方出了問題，以至於人們總想離開？

　　當你在四福音書中閱讀耶穌在傳道中與人的相遇，花點時間注意一下，**耶穌從未催促任何人做決定。**

　　當祂對人們提出邀請時，祂從未遭遇抵抗，因為祂從來不會強迫人往他們未受吸引前往的方向前進。

　　你從來不會在聖經上讀到耶穌藉著有說服力的論述使一個人決定接受祂成為主和救主，在離開祂之前，堅持地催促他們**當下**就做出決定。

　　當年，這不是耶穌行事的方式，當然也不會是祂如今行事的方式，祂只是在人們人生的旅途中支持、引導他們，但祂從來不會強迫他們做出任何決定。

想一想這些例子：

- 耶穌呼召第一批門徒的時候只用一句簡單的邀請：「來跟從我吧。」（馬太福音九章9節；馬可福音二章14節；約翰福音一章43節）

- 拿但業做出他的信仰告白時，耶穌並沒有慫恿他或給他任何 暗示。（約翰福音一章49節）

- 井旁的婦人並不是被逼著承認耶穌是彌賽亞的。（約翰福音 四章29節）

- 在彼得做出信仰告白、承認耶穌是基督之前，他其實被允許跟從了耶穌好幾個月。（馬太福音十六章13節；馬可福音八章27節；路加福音九章21節）

- 耶穌並沒有強迫畢士大池邊的人接受祂的服事，耶穌只是問 他：「你要痊癒嗎？」（約翰福音五章6節）

- 耶穌也沒有勉強瞎子巴底買接受祂的服事。祂只問他：「要我為你做什麼？」（馬可福音十章51節）

- 耶穌甚至沒有試著叫猶大放棄他一生中最糟糕的決定—出賣耶穌，使耶穌被釘死。

耶穌從來沒有勉強任何人接受祂的服事。事實上，祂有幾次竟然拒絕幫助那些向祂求助的人 — 至少在一開始的時候是如此。

有時候耶穌會拒絕服事，因為祂認為時機不對。例如，在迦拿的婚筵回應母親馬利亞的要求時，耶穌答說：「母親，（原文作婦人）我與你有什麼相干？我的時候還沒有到。」（約翰福音二章4節）

也有其它時候，耶穌拒絕服事是因為祂相信那不是祂的呼召，就像在跟敘利腓尼基族的婦人一起時，祂對她說：「我奉差遣不過是到以色列家迷失的羊那裡去......不好拿兒女的餅丟給狗吃。」（馬太福音十五章24，26節）

如果勸說或強迫推銷的技巧可行，怎麼不乾脆回到十二世紀十字軍東征的方式？「現在就承認耶穌基督是主和救主，不然就把你的頭砍下來！」如果讓強迫推銷的方式走向邏輯的極端，我們就會得到這樣的結果。

接受他們的本相

在我們服事教會外人群的時候，我們和那些人建立了密切的關係。我們照著他們原本的樣子接受他們、愛他們，在服事他們的需求以前，我們並不會要求他們做任何的改變。

我們很容易覺得我們得要在事奉他人之前先指出他生命中的罪，但這卻不是耶穌的方式。

• 祂醫治人的時候並沒有要求他們先悔改。

• 祂餵飽那五千人的時候也沒有要求他們先悔改。

• 即使在直接面對罪的問題時，就像面對那個行淫時被拿的婦人，在向她表現出愛之前，祂也沒有要求她悔改；當祂明確指出罪的時候，祂也是從她最關切的點切入。「我也不定你的罪。去吧，從此不要再犯罪了。」（約翰福音八章 11 節）

• 同樣地，面對畢士大池邊的那人，耶穌也是在滿足了他的需求、醫治了他之後才指出他生命中的罪。「你已經痊癒了，不要再犯罪，恐怕你遭遇的更加厲害。」（約翰福音五章 14 節）

幾年前，在麻州撒冷城（Salem）一年一度的萬聖節節慶中，我參與在一個服事團隊，當時有位婦女來找我們尋求幫助和鼓勵。在等候聖靈時，我看見一個異象，有個美麗如畫的家，四周環繞著白色的籬笆，接著，一把十分巨大的屠刀落下，將整個景象一切為二 ─ 變成一張破碎家庭的畫面。我問她是否經歷過 家 庭破碎的痛苦，那位女士於是跟我們訴說她剛和她女性伴侶 離婚的事（譯註：美國麻州於2004年起允許同性婚姻合法 化）。當她陳述這件事時，淚水不斷從眼中湧出，傷痛仍舊如此真實。

　　我們很清楚神對那名女士的心意，那天晚上只要醫治她破碎受傷的心、滿足她有需要的部分，並處理她因為破碎家庭帶來的毀滅性影響。當天晚上，聖靈並沒有要我們勸她放棄她的生活方式。

　　愛、接納、醫治 ─ 無條件地滿足需求。這些都是耶穌在世上事奉時具備的特質，同樣的特質也應當在我們的生活與事奉中呈現出來。

> 「祂叫日頭照好人，也照歹人；降雨給義人，也給不義的人。你們若單愛那愛你們的人，有什麼賞賜呢？就是稅吏不也是這樣行嗎？你們若單請你弟兄的安？比人有什麼長處呢？就是外邦人不也是這樣行嗎？所以，你們要完全，像你們的天父完全一樣。」（馬太五章45-48節）

我新認識的摯友

　　為了保有良好的心態，我總是把每一個來找我服事的人當作**我新認識的摯友**。保持這樣的想法可以幫助我立刻跟那些我剛遇見的人建立密切的關係，我會很快地喜歡他們、想要多認識他們、想要盡我所能地幫助他們。

> 「耶穌看著他，**就愛他**，對他說……」（馬可福音十章21節）

在開始跟人接觸的過程中，我們透過**表現出**真誠的關懷以及願意幫助人解決問題的心態與人**建立關係** —也就是願意幫助他們，找到他們試圖尋找的答案。

在我們的服事陪談後，我們常會邀請人留下來、花時間和我們在一起、以及用餐，**門徒訓練就此展開**。事實上門徒訓練可以直接開始，從最初的會面協談開始後就持續地進行。

在某次長達一週極端、激進、非常不「基督教」的慶典舉行的外展事工接近尾聲前，我不禁想到這些事：有許多在那一個禮拜當中接受過我們服事的人都會留下來和我們一起用餐。

後來我和一位帶頭的同工聊起來，我說：「你知道嗎？我覺得我們就好像戰場上的醫護兵，我們四周都是傷患，我們竭盡所能地接近他們、為他們包紮傷口、帶來醫治、幫助他們。」就在我描述這樣的感覺後，我突然想起路加福音的這段經文，在此括號裡的註解是我自己加上去的：

「有許多稅吏和別人與他們一同坐席。法利賽人和文士就向耶穌的門徒發怨言說：你們為什麼和稅吏並罪人一同吃喝呢？耶穌對他們說：無病的人用不著醫生（或許也包括醫護兵？）；有病的人才用得著。我來本不是召義人悔改，乃是召罪人悔改。」（路加福音五章29-32節）

當我們開始效法耶穌事奉的樣式，我們就開始經歷耶穌曾在地上經歷過的事。

葛雷格里•波以爾神父（Father Greg Boyle）分享了他與洛杉磯幫派份子交手的類似經驗：

如果閱讀聖經學者馬庫斯•博格（Marcus Borg）的著作，翻開索引找尋「罪人」這個條目，你會發現後面標記著「參見『被棄絕者』」。所謂的罪人，就是指自覺完全不被接納的社會群體。世人將他們視為卑鄙可恥的，如同先

前提到的，這種有毒的羞恥感被強烈地內化，在這些被棄絕者的生命裡築巢。

耶穌的策略很簡單：就是和他們一同進食。耶穌對那些癱瘓在這種有毒羞恥感中的人說：「我跟你們一起吃飯。」。他親自去到那些世間的愛尚未觸及的地方，「大吃一頓」，他和那些被棄絕的人一同進食，使他們感覺被接納。（Boyle, 2010）

我們並不十分在意那些曾花時間和我們在一起的人在服事後願意委身的程度。起初耶穌讓**所有的人**都來跟從祂，但到了旅途的某個階段，每個人都得計算代價，做出個人的決定：是否將一切交託給耶穌，成為一個真正的門徒，或者轉身回到原先的生活模式裡。每個人都會在這條道路的某處走到一個**抉擇點**（路加福音十四章25-33節）。

向田觀看

在一些外展事奉上，我們不斷會遇到有人來排隊等待接受服事的機會，有些時候，要在一些不舒服的環境下等上超過一個小時。通常當我們為了漫長的等候道歉時，人們的回應多半是說：「沒關係，我聽說這很值得。」

當我們單純地效法耶穌的樣式，在教會聚會**以外**去服事人，我們常常就會看到有許多人排隊等著接受禱告、醫治、先知性的話語、以及其它型態的服事，使我們幾乎難以滿足所有的需求。

相對來說，我們在教會聚會的經驗常常不像這樣。為什麼，難道是美國上教會的人數整體而言下滑了嗎？為什麼人們常常把上教會視為一種例行公事或是一種令人不快的義務？

當我從那些始終具有高度服事需求、然而我們卻很難滿足其所需的外展工作回來，我會在教會、或是基督教電台或電視

台聽到人們的懇切禱告，求神賜下復興．然後我就不禁會想，我才剛從所謂的「復興」回來而已呢！—— 只不過它不在教堂裡頭，它在教堂的建築物**外面**，在那些有需要的人中間。

我曾經在聖靈充滿的教會中經歷過兩次長期的復興。在這兩次經驗裡，神都用極美好的方式賜福祂的百姓，有醫治、釋放、救恩、以及其它奇妙的祝福。在此同時，由於連續好幾天的復興聚會不斷進行，同工們也被要求每天晚上都要出席，以提供不同的協助，疲憊和幻滅的感覺也就開始出現。隨著復興的時間不斷延長，越來越少的教會會友出席這樣的聚會。

相形之下，每當有團隊從宣教之旅回來分享見證時，他們看來似乎總是同心合意地為宣教大發熱心、精力充沛、並且總是十分渴望盡快安排行程回到宣教的禾場！「那七十個人歡歡喜喜的回來，說：主啊！因祢的名，就是鬼也服了我們。」（路加福音十章17節）

為什麼會有這種差別？

在我的經驗裡，疲憊感可能是一個警訊，表示我在做一件神沒有賜恩給我去做的事。當然事情並非總是如此。有時即使動機還在，我卻需要稍事休息，以便能繼續往前。

神的恩典會帶出渴望、動機、與活力，使我們能夠去完成祂的旨意。

若是志願在教會的復興聚會裡服事使我感到疲憊與幻滅，**反倒是**和一個團隊**去到教會外面**一起服事人會使我覺得精力充沛，甚至想要服事更多人，或許神是想嘗試告訴我什麼事情。

當我們認真地禱告復興要臨到教會，並且滿懷希望地彼此鼓勵、告訴自己，當聖靈的恩膏降臨時（也許只需要幾個月的時

間）復興就會在我們的教會呈現爆炸性的突破，然而耶穌卻是這麼說的：

> 「你們豈不說『到收割的時候還有四個月』嗎？我告訴你們，舉目向田觀看，莊稼已經熟了（原文是發白），可以收割了。」（約翰福音四章35節）

有沒有可能......如果我們只是效法耶穌**走出去**，復興自然而然會發生，我們就會開始經歷到耶穌在祂的事奉中所看到的類似結果？我相信答案是**肯定的**！

第六章
我們該如何預備?

黑暗越大,恩膏越大

回顧耶穌的事奉生涯,祂之所以能帶來如此巨大的影響力,部分來自於祂在黑暗的世代中給世界帶來了極大的光明。

> 「那坐在(被籠罩在)黑暗裡的百姓看見了大光;坐在死蔭之地的人有光發現照著他們。」(馬太福音四章16節,擴大版聖經)

我們被吩咐要做同樣的事。

> 「你們的光也當這樣照在人前,叫他們看見你們的好行為,便將榮耀歸給你們在天上的父。」(馬太福音五章16節)

在教會以外服事有一定的好處。神給了我們足夠的理由這麼做。當我們以神的愛去影響人,我們的權柄、能力、恩惠、自信、以及在服事上所需的專業技能都會大幅的成長,因為我們一旦走出外面去事奉,神的恩膏就不斷增加。

2009年七月,我當時在蘇格蘭,在CLAN的集會期間等待一次聚會開始。在等待的空檔中,我開始和前面的男士聊起天

來，就在聊天的過程中，他對我說了句先知性的預言，說我會進入以西結書四十七章的境地，並在我的生命中經歷到它。這段經文談到以西結隨著祂被神引領離聖殿越來越遠，也同時進入越來越深的水裡。

我們的對話因為聚會即將開始而不得不中斷。那場聚會的講員是海蒂‧貝克。令人訝異地是，那一堂聚會信息的中心主題就是在說以西結書四十七章！她邀請我們一同來經歷這段經節，甚至還有人拿藍色的絲製旗幟（象徵很深的水）高舉過我們的頭頂、遮蓋我們，作為進入這段經文體驗必須的一種先知性行動。

以西結書四十七章1-10節的原則是當我們離開傳統教會聚會到外面去，越走進黑暗裡，水就會越深。在此水深代表的是聖靈的恩膏、啟示、以及服事的權柄。

「他帶我回到殿門，見殿的門檻下有水往東流出（原來殿面朝東）。這水從檻下，由殿的右邊，在祭壇的南邊往下流。他帶我出北門，又領我從外邊轉到朝東的外門，見水從右邊流出。他手拿準繩往東出去的時候，量了一千肘，使我趟過水，水到踝子骨。他又量了一千肘，使我趟過水，水就到膝；再量了一千肘，使我趟過水，水便到腰；又量了一千肘，水便成了河，使我不能趟過。因為水勢漲起，成為可洑的水，不可趟的河……

這河水所到之處，凡滋生的動物都必生活，並且因這流來的水必有極多的魚，海水也變甜了。這河水所到之處，百物都必生活。必有漁夫站在河邊，從隱基底直到隱以革蓮，都做曬（或譯：張）網之處。那魚各從其類，好像大海的魚甚 多。」（以西結書四十七章1-5，9-10節）

許多消息來源指出透過海蒂‧貝克在非洲的事工：

• 上萬間的教會被建立。（Stafford, 2012）

- 每天餵飽數千人。（Baker & Baker, 2003）

- 無數的人得到醫治。（Stafford, 2012）

- 至少有五十三人從死裡復活。（Grady）

為什麼海蒂・貝克在莫三比克的事工可以看到如此多這類非比尋常的神蹟奇事，但我們在自己的教會裡卻看不到同樣的事情？有沒有可能是因為她只是單純地順服神，進入到莫三比克的黑暗中？她如今正在深水裡游泳，不是嗎？

單進入黑暗是不夠的

但一頭栽入黑暗中是不行的。記得士基瓦的七個兒子嗎？

> 「那時，有幾個遊行各處、念咒趕鬼的猶太人，向那被惡鬼附的人擅自稱主耶穌的名，說：『我奉保羅所傳的耶穌，勒令你們出來！』做這事的，有猶太祭司長士基瓦的七個兒子。惡鬼回答他們說：『耶穌我認識，保羅我也知道。你們卻是誰呢？』惡鬼所附的人就跳在他們身上，勝了其中二人，制伏他們，叫他們赤著身子受了傷，從那房子裡逃出去了。凡住在以弗所的，無論是猶太人，是希利尼人，都知道這事，也都懼怕；主耶穌的名從此就尊大了。」（使徒行傳十九章13-17節）

我們必須預備好，也必須要有策略。當我們進入黑暗之地，如同海蒂・貝克所做的，要如何確保我們不會落得跟士基瓦的兒子同樣的下場？

預備工作

適當的預備工作是必要的。耶穌沒有在祂訓練十二使徒的第一天就差派他們出去；祂在差派十二使徒之前也給了他們很詳盡、具體的指示。在出發前往黑暗之前為確保能夠大獲全勝，至少需要五方面的預備工作：

1. 裝備

2. 訓練

3. 操練

4. 自信心

5. 被神使用的可能性

以下讓我們更詳細地檢視這五方面。

預備工作一：裝備

所謂的裝備是指獲得能夠在事奉上確實有效、得勝所需的能力和方法。裝備是聖靈的工作，有時需要透過教會領袖按手來傳遞，裝備也是神的聖靈和屬靈恩賜的傳遞，耶穌在差祂的使徒出去以前也先將權柄傳遞給他們。

「耶穌叫了十二個門徒來，給他們權柄，能趕逐污鬼，並醫治各樣的病症。」（馬太福音十章1節，擴大版聖經）

「耶穌叫了十二個門徒（使徒）來，差遣他們兩個兩個的出去（如同祂的大使一般），也賜給他們權柄，制伏污鬼。」（馬可福音六章7節，擴大版聖經）

「耶穌叫齊了十二個門徒（使徒），給他們能力、權柄，制伏一切的鬼，醫治各樣的病，又差遣他們去宣傳神國的道，醫治病人。」（路加福音九章1-2節，擴大版聖經）

「那七十個人歡歡喜喜的回來，說：主啊！因你的名，就是鬼也服了我們。耶穌對他們說：我曾看見撒但從天上墜落，像閃電（閃光）一樣。我已經給你們權柄，可以踐踏蛇和蠍子，又（能在生理和心理的力量和才幹上）勝過仇

敵（擁有）一切的能力，斷沒有什麼能害你們。」（路加福音十章17-19節，擴大版聖經）

在耶穌復活之後，十二使徒被指示要先在耶路撒冷等候，好使他們能夠在被差派出去之前得著能力。在使徒行傳第一章，耶穌清楚地說明這種能力會透過聖靈的洗降臨下來，祂也指出，在使徒們能夠有效地為祂作見證**之前**，聖靈的洗是必要的。

「我要將我父所應許的降在你們身上，你們要在城裡等候，直到你們領受從上頭來的能力。」（路加福音廿四章49節）

「耶穌和他們聚集的時候，囑咐他們說：不要離開耶路撒冷，要等候父所應許的，就是你們聽見我說過的。約翰是用水施洗，但不多幾日，你們要受聖靈的洗……聖靈降臨在你們身上，你們就必得著能力，並要在耶路撒冷、猶太全地和撒馬利亞，直到地極，做我的見證。」（使徒行傳一章4，8節）

幾年前，我去波士頓參加了國際溪流事工的一場特會。週四晚間是給事工伙伴的特別夜晚，在那場聚會結束時，約翰保羅•傑克森過來一一擁抱我們每個人，並且為我們禱告領受聖靈的分賜。當他走到我面前，約翰保羅給了我他典型的熊抱，並為我禱告能依照我心所願領受行神蹟奇事的恩賜……之類的話，我不記得他確切的用詞了。

隔天有一場為事工伙伴舉行的特別午餐會，我恰巧跟幾個我完全不認識的人同桌，但我們很樂於彼此認識。坐在我左邊的是愛蜜莉，以及她的朋友，一位叫馬利亞的牧師娘。

不久之後我又遇見馬利亞，就在聚會的空檔，當我要從一間會議室前往另一間會議室時，她在走道上看見我，然後回頭

跟另一位女士說：「他在這裡！這個人就是我跟你說的那個人！」

馬利亞向我解釋：她會有這樣的反應是因為當我們一起同桌共用午餐時，**我的手在著火**！她說每次她盯著我的手看，都會看到明亮的橘紅色火焰從我手中冒出來！

她說當我們坐在一起的時候她什麼也沒說，是因為從大家的反應看來，我們其餘的人都沒有看見這幅景象，而她並不想讓人覺得她瘋了！由於她說之前從未見過任何超自然的異象，這就更顯得意義非凡了！對我而言，這更加確認了我已從約翰保羅那裡領受了重要的屬靈分賜。

我並沒有看見「著火的手」，在約翰保羅為我禱告之後我也沒有感覺到有任何不同，但很明顯地，我已經領受了某種很有能力的恩賜！那一天我學會，在禱告之後我沒有**感覺**到任何不同並不代表我什麼都沒有**得著**！

教會領袖的職分功能

許多年前，有一次我坐在一個戲院跟其他的聽眾們一起，聽著一位在醫治釋放界很著名的牧師說一堆關於他如何將人從污鬼的勢力中釋放出來的故事；在聽了幾個這類的故事之後，我有種衝動想要大喊「故事說夠了沒啊，教我們怎麼做比較實際！」我不想只是單單聽人描述醫治釋放有多神奇，我想裝備自己也能夠身體力行！

給教會領袖的話：

身為教會領袖，若是我們親自做了大部分的事奉工作，我們很可能會失去應有的呼召。教會領袖原本的職分功能是在**裝備其他人**起身做服事的工作。

「祂所賜的，（各不相同，祂親自恩膏了這些人給我們）有使徒（特別的使者），有先知（獲啟示的傳道人或講

員），有傳福音的（傳福音的牧者、旅行佈道家），有牧師（照 看主的羊群之牧者）和教師，為要成全聖徒（祂已分別為聖的人），（因此他們應該）各盡其職，建立基督的身體（教會）。」（以弗所書四章 11-12 節，擴大版聖經）

長老和其他教會領袖也可以被使用在施予聖靈的洗和分賜能力、恩賜、與恩膏的事奉上，去幫助裝備基督的肢體。事實上，那就是五重職事被設立的目的之一。

「西門看見使徒按手，便有聖靈賜下。」（使徒行傳八章 18 節）

「你不要輕忽所得的恩賜（那特別的內在能力），就是從前（由聖靈）藉著預言、在眾長老（於任命聖職禮時）按手的時候賜給你的。」（提摩太前書四章 14 節，擴大版聖經）

「為此我提醒你，使你將神藉我（和其他在你的聖職禮上的長老們）按手所給你的（寶貴）恩賜（再如火）挑旺起來（點燃它僅有的火苗、搧風，使它得以繼續燃燒）。」（提摩太後書一章 6 節，擴大版聖經）

預備工作二：訓練

所謂訓練，包括來自經常領受聖靈引導的智慧教師的聖經教導。

「智慧為首，所以要得智慧。在你一切所得之內，必得聰明。」（箴言四章7節）

耶穌和使徒保羅也很清楚地指出：只有能力、恩膏、和熱心是不夠的。使徒彼得教導我們應當「分外的殷勤；有了信心，又要加上德行；有了德行，又要加上知識。」（彼得後書一章5節）

「我可以證明他們向神有（一定的）熱心，但不是按著真（正確且重要的）知識。」（羅馬書十章2節，擴大版聖經）

「我差你們去，如同羊進入狼群；所以你們要靈巧像蛇，馴良像鴿子。」（馬太福音十章16節）

選擇有智慧的教師

有些智慧會隨著時間而體認到，但在一些博學、老練的教師和導師的細心指導下學習，則能更快獲得智慧。

「與智慧人同行的，必得智慧；和愚昧人作伴的，必受虧損。」（箴言十三章20節）

「你們要依從那些引導你們的（不斷承認他們的權柄），且要順服；因他們為你們的靈魂時刻警醒，好像那將來（因所受的託付）交帳的人。你們要（盡本分）使他們交的時候有快樂，不致憂愁；若憂愁（也）就於你們無益了。」（希伯來書十三章17節，擴大版聖經）

做自己的功課

教會領袖可以提供極好的訓練，但對每一個作為獨立個體的門徒而言，重點是我們也都應該在自我學習及應用聖經經文的事上有長進。

我們的**教師**可能對成功的事奉原則有很清楚的理解，但除非透過我們**自己**的學習、應用，將聖經的真理內化成為我們自己第一手的知識，否則對我們其實**幫**助不大。

我們自己必須在學習聖經的事上殷勤，如此我們才能直接領受聖靈直接啟示我們的真理。

「你當竭力在神面前得蒙喜悅（被試煉考驗），做無愧的工人，按著正意分解（正確掌握並有技巧地教導）真理的道。」（提摩太後書二章15節，擴大版聖經）

「信祂賞賜那尋求（**找出**）祂的人。」（希伯來書十一章6節，擴大版聖經）

預備工作三：操練

擁有恩賜是件好事，但耶穌要的是我們**好好運用**所得的恩賜。事實上這也是馬太福音廿五章14-30節那個才幹的比喻所要 傳 遞的訊息。

「天國又好比一個人要往外國去，就叫了僕人來，把他的家業交給他們，按著各人的才幹給他們銀子：一個給了五千，一個給了二千，一個給了一千，就往外國去了。那領五千的，隨即拿去做買賣，另外賺了五千。那領二千的，也照樣另賺了二千。但那領一千的，去掘開地，把主人的銀子埋藏了。過了許久，那些僕人的主人來了，和他們算帳。

那領五千銀子的，又帶著那另外的五千來，說：主啊，你交給我五千銀子。請看，我又賺了五千。主人說：好，你這又良善又忠心的僕人，你在不多的事上有忠心，我要把許多事派你管理；可以進來享受你主人的快樂。那領二千的也來，說：主啊，你交給我二千銀子。請看，我又賺了二千。主人說：好，你這又良善又忠心的僕人，你在不多的事上有忠心，我要把許多事派你管理；可以進來享受你主人的快樂。

那領一千的也來，說：主啊，我知道你是忍心的人，沒有種的地方要收割，沒有散的地方要聚斂，我就害怕，去把你的一千銀子埋藏在地裡。請看，你的原銀子在這裡。

主人回答說：你這又惡又懶的僕人，你既知道我沒有種的地方要收割，沒有散的地方要聚斂，就當把我的銀子放給兌換銀錢的人，到我來的時候，可以連本帶利收回。奪過他這一千來，給那有一萬的。

因為凡有的，還要加給他，叫他有餘；沒有的，連他所有的也要奪過來。把這無用的僕人丟在外面黑暗裡；在那裡必要哀哭切齒了。」

這樣看來似乎很清楚，神並非以我們擁有的恩賜多寡來獎賞我們，而是根據我們使用並發展祂所賦予恩賜的程度來獎賞我們，以致於我們能在所做的事情上成為十分老練、表現卓越的人。

「看你們學習的工夫，本該作師傅，誰知還得有人將神聖言小學的開端，另教導你們，並且成了那必須吃奶，不能吃乾糧的人。凡只能吃奶的，都不熟練仁義的道理（為遵行神旨意而發生的目的、思想與行動），因為他是嬰孩（還不會說話）；惟獨長大成人的，才能吃乾糧；他們的心竅**習練得通達**，就能分辨好歹了。」（希伯來書五章12-14節，擴大版聖經）

我們常常會欽佩那些在某些領域表現很傑出的人，像是運動員、藝術家、演員之類的，他們讓自己做的事情變得好像很簡單。我們可能會覺得他們出色的表現大多是因為他們天賦異稟。事實是，在多數情況下，雖然他們從天賦中踏出第一步，對他們來說那卻只是個**起點**而已。很多時候，我們最欽佩的演員也都是他們那個領域最努力的人，他們通常是最早到達工作現場或最早排練的，也通常會是當天最後一個離開練習或工作場所的。

很多人都跟我說，我很有教導的恩賜，或許吧。但在拿了三個大學學位，而後在公立學校教了超過二十五年的書之後，

我轉而將最初擁有的這項恩賜，努力磨練使它成為淬鍊過的技能。

同樣地，如果我們期待能將神賦予我們的恩賜向上提升至更高層次的專業技能，我們勢必得花時間和機會來練習（如同希伯來書五章14節所揭示的）。無論我們談的是屬靈恩賜或是數學技能之類的，原則都一樣。

就像俗話說「熟能生巧」，當一位好老師在數學課上介紹一個新技巧，首先他會先示範如何解題，然後全班會共同做一道或幾道題目，接著老師會開放時間進行小組練習，他會觀察有誰可能需要加強輔導或特別留意，最後，老師會分配數學題目讓學生獨力完成。一個有經驗的老師知道在這個順序下進行的所有練習是必要的。在這樣的情況下，學生會熟悉所學到的概念，並懂得掌握該技巧。

有時你能經歷到最好的操練機會是在宣教之旅或外展事奉上，這都是放下日常責任、並且能夠花時間專注去做主耶穌的工作的大好時機，當我們參與在這些需要集中心力的事工上，我們所能學到與成長的往往十分驚人。

不要放棄！

每個人在第一次學走路或騎腳踏車的時候都會跌倒，但在經過練習之後，幾乎每個人都能夠掌握這些技能，一開始看似無法做到的事竟然在短時間內就變成了第二天性。在正常的練習下，我們甚至可以達到無需任何思索就知道該怎麼做的程度。

關鍵就是要不斷地去嘗試，不要放棄！不放棄就能越趨熟練！

你絕對不會聽到小嬰兒們交頭接耳地說：「我實在覺得走路這件事不適合我，我嘗試過，但我就是做不來。我一直出

錯，才走一兩步就會跌倒，即使我禱告過了，我還是不覺得我有走路的天份。」

從觀察小嬰孩學步這件事上，我們可以在發展屬靈恩賜方面學到極寶貴的功課。他們可能會一而再、再而三地跌倒，但是他們從來不會就因此困在那裡。他們只會爬起來再試一次；就在不知不覺間，他們已經可以毋需他人協助，掌握走路的訣竅了，而他們甚至不會記得自己學會走路以前跌倒了多少次。

給領袖的話

當父母的，我們絕不會因為孩子只是從腳踏車上摔下來一兩次，就從此不讓他們騎腳踏車了，因為我們知道這都是學習的過程。在學會騎車以前他們或許得要摔個好幾次，但如果他們不放棄，很快地他們就會進步，不久就會掌握到騎腳踏車的訣竅。

身為教會領袖，我們必須用同樣的原則來引導那些學習熟練運用屬靈恩賜的信徒身上。

犯錯是學習的一部份，目的乃在於「成全信徒（祂分別為聖的百姓），（使他們因此能）各盡其職」（以弗所書四章12節，擴大版聖經），我們應該讓聖徒們有犯錯與失敗的空間，並拉他們一把，拍去他們身上的塵埃，鼓勵他們繼續而不要放棄。

「因為義人雖七次跌倒，仍必興起。」（箴言廿四章16節）

預備工作四：自信心

有非常、非常多的人接受過裝備，也受過良好的訓練，但是在事工上卻無法派上用場，只因為他們缺乏了自信心，被恐

懼感給束縛住。他們不敢踏出去，只因為害怕失敗或害怕遭到拒絕。

「懼怕人的，陷入網羅；惟有倚靠耶和華的，必得安穩。」（箴言廿九章25節）

在掃羅的軍隊裡有許多人都比大衛更驍勇善戰，更有經驗，但他們當中沒有一個人走出去面對敵人，原因何在？

此外，又是什麼使得大衛能夠帶著得勝的信心出去迎敵，即使他根本就不是正規軍隊裡的一名士兵，身上也沒有穿著防身的盔甲？

因為大衛有成功的把握。

他已經和獅子與熊戰鬥過，也都戰勝了（撒母耳記上十七章37節）。因為之前有這些成功得勝的經驗，他的心態就和掃羅軍營裡其他人截然不同。

正當軍營裡的每個士兵都心生恐懼，面對敵人只有未戰先輸的想法，這些負面心態卻從來沒有進入大衛的心裡，因為他從前爭戰的經驗一直是得勝的，他從來沒想過自己會輸，他不像那些接受過完整裝備訓練的士兵們一樣會感到害怕。

了解這個原則是很要緊的。大衛在戰場上是**最沒有資格**打仗的人！但使他與眾不同的是，在類似情況下成功的經驗，擁有成功與得勝的經驗讓他完全不會害怕面對這項挑戰的結果，因為他心中所想的盡是得勝與成功。

我們不能因為一兩次令人沮喪的服事經驗就放棄了，這是讓我們在恩賜和呼召上學習成長不可分割的一部份。

一個好的領袖會盡其所能來幫助你的服事經驗是成功且激勵人心的。

當神介入其中，危險係數應該會從一開始的**完全沒有風險**，逐漸增加到非常危險，再到高度危險。

當大衛出去迎戰巨人哥利亞，整個以色列國的命運正危在旦夕，危險係數變得非常高。但在神將大衛送到戰場去面對哥利亞之前，祂已透過先前捍衛羊群的搏鬥經驗預備好大衛上戰場的那一刻。大衛的前兩次戰鬥風險係數都低很多，幾乎沒有像這樣的危險，當他有了先前兩次得勝的經驗，大衛就有了他所需要的自信心，可以在危急的處境下獲得成功。

預備工作五：被神使用的可能性

為了讓神在事工上使用你，你必須把自己擺在事工會發生的地方，你必須先踏出第一步。

彼得是門徒裡唯一一個曾在水面上行走的人，但是若不從船上下去，他永遠都不會經歷到這樣的事。其他跟彼得同船的門徒呢？他們有沒有可能也一樣在水面上行走？同樣的邀請是否也向他們發出？

「因為神不偏待人。」（羅馬書二章11節）

若是他們夠渴望，耶穌是否也同樣會邀請他們做這樣的嘗試？

「我又告訴你們，你們祈求，就給你們。」（路加福音十一章9節）

然而他們並沒有求，沒有讓自己處於能夠經歷相同神蹟的位置上。

在事奉上也是同樣的道理。如果你想在事工上被神使用，**你**必須要先渴慕，**你**必須要離開舒適圈，**你**必須讓自己處於能被事工使用的位置上。

當基督徒願意踏出去將自己擺在事工需要的位置上，驚人的事情就會開始發生！這樣的事情我見過不止一次：**從來沒有從聖靈為他人領受過智慧言語的人，在與一個團隊走出教會外尋找能夠被服事的人群之後**，就開始領受清楚的啟示。

喬和他的妻子有回參加了我們教會在德州達拉斯地區由我所籌劃的先知性佈道工作坊。在工作坊的最後一天，我們所有人出去到達拉斯的一個火車站，參加工作坊的人都被分成兩人或三人一組，在聖靈的大能帶領下，被差遣去尋找可以服事的人。

雖然喬伴隨他的妻子來到工作坊，但事實上他並不想參加外展工作。

在火車站接觸過一些人之後，我們調整了一些人的組別，好讓其中幾個人有機會跟不同人搭配練習。在換過組別之後，喬的妻子被分配到沒有男性的組別裡。

因為我覺得單讓兩位女士在達拉斯的街上行走有些不妥，所以我問喬他是否願意和女士們同行，喬很有風度地答應了。

接著有趣的事情就發生了。當喬伴隨這兩位女士走在街上尋找可以服事的人，他就開始從主那裡領受到啟示 — 就是有關於誰會是他們所要去接觸的人！這件事是沒辦法否認的！只有當他參與了在火車站的團隊服事**之後**，他才開始從聖靈領受到關於他人的啟示。而在那之前，當他只是個旁觀者，即使曾為外展服事代禱，他也沒有領受到啟示。

從你的鄰舍開始

我們該從哪裡開始呢？在路加福音第十章，耶穌描述我們的鄰舍就是我們身邊任何一個需要幫助的人。在說完好撒瑪利亞人的故事之後，祂吩咐我們「去照樣行吧」。

我們不必非得想著要到遠方黑暗的國度才能夠服事。只要我們能忠心地供應那些經過我們身邊的人的需求，神必定會擴張我們事奉的境界 ── 或許是進入到黑暗的地方，但只會在我們準備好了以後。神是值得信賴的，我們能夠信任祂不會在我們毫無準備或毫無防衛的情況下把我們扔向狼群，致使我們落得像士基瓦的兒子那樣危險的處境。

自我評量：
你現在預備好了嗎？

目的：乃在於衡量你當前預備的程度。並沒有要讓你感到害怕或澆你冷水的意思。我們每個人都有很大的成長空間！這份自我評量表將會幫助你意識到你現在能夠為人提供怎樣的服務，以及你在哪些領域還有成長進步的空間，好使你能夠完全預備好做主耶穌的工作。

1. 裝備

   a. 你是否受過聖靈的洗？（使徒行傳十九章 2-6 節）

   b. 教會領袖是否曾經按手在你身上傳遞屬靈恩賜？（哥林多前書十二章及十四章）

   c. 當機會來臨時，你是否把握機會從敬虔的領袖那裡領受屬靈的分賜？（提摩太前書四章 14 節及提摩太後書一章 6 節）

2. 訓練

   a. 你是否尋求神的話語作為問題的答案？

   b. 你是否在研讀聖經時會利用像是用詞索引、字典、或是相關的工具軟體？

   c. 你是否能透過不同的方式聽到神對你說話？

d. 你有沒有尊敬的導師或教師可以經常向他學習？（箴言十三章 20 節）

e. 你能夠在教會聚會內、外運用聖靈的恩賜嗎？—先知講道的恩賜、說方言的恩賜、翻方言的恩賜、知識言語 的恩賜、智慧言語的恩賜、辨別諸靈的恩賜、醫病的恩賜、行異能的恩賜、信心的恩賜，等等。

f. 你是否會在教會聚會內、外對人做身心方面的醫治？

g. 你是否會在教會內、外幫助他人從鬼附的影響中得到 釋放？

h. 你是否會為自己或他人解夢？

i. 你知道如何用水為他人施洗嗎？（馬太福音廿八章 19 節）

j. 你知道如何帶領信徒進入聖靈的洗嗎？

k. 你能清楚地解釋一個人應該做什麼事情才能得救嗎？

l. 你能夠為在不同的領域為遭逢問題的人提供諮詢嗎？ 例如人際關係、性格、健康、工作或學業的問題、財務、或是他們跟神的關係的問題，等等？

　我們在這些領域上都有很大的成長空間！不要灰心！要明白神會使用你自己的問題來磨練你，使你能夠幫助有類似問題的人。

　「先去掉自己眼中的梁木，然後才能看得清楚，去掉你弟兄眼中的刺。」（馬太福音七章5節）

3. 操練

a. 你是否每天有分別一段時間出來讀經禱告？

b. 你是否請求神用不同的方式對你說話，並且會記錄下 祂對你說的話？

c. 你會不會讀那些有智慧、屬神的領袖寫的文章或著 作？你會看他們的講道影片或聽他們的錄音信息嗎？

d. 你會把握機會在教會聚會裡服事眾人嗎？

e. 你是否會為你家人的需求禱告及服事？

f. 你會參與外展事奉嗎？

g. 你會參與短宣隊嗎？

h. 在每天與你有交集的人當中，你是否察覺到一些需要 你去服事的「神聖會面」？

4. 自信心

a. 在哪些服事的領域你會覺得**最有**自信心？這些可能 就是你能帶領或指引其他信徒的領域。

b. 在哪些服事的領域你覺得**最沒有**自信心？你或許會 想要專心在這些領域上獲得多一點訓練或多一些練習。

5. 被神使用的可能性

a. 你可以多快重新安排你的時間表讓自己能夠：

• 尋求神？

• 學習或操練事奉所需的技能？

• 服事有迫切需要的人？

第七章
服事的典範

我們的終極典範

「你們學了基督，卻不是這樣。如果你們聽過他的道，領
了祂的教，學了祂的真理⋯⋯」（以弗所書四章20-21節）

簡單地說，耶穌就是我們服事的終極典範。事實上，耶
穌最早的命令之一就是祂在馬太福音四章19節說的「**來跟從
我，我要叫你們得人如得魚一樣。**」

祂的服事模式一直延續到門徒的服事，詳細記載在使徒行
傳和使徒書信裡。如同使徒保羅所說，「**你們該效法我，像
我效法基督一樣。**」（哥林多前書十一章1節）

我們必須努力理解神做事的**法則**，而不只是神的作為。

「祂使摩西知道他的**法則**，叫以色列人曉得祂的**作為**。」
（詩篇一〇三篇7節）

我們必須了解神**如何**做事，而不只是祂做了**什麼**，如此，
我們才能完全與祂合作。

服事焦點：
滿足他人的需要

耶穌在曠野接受試探回來之後，所說的第一段被記錄下來的話，或許可作為祂服事焦點的宣言。

> 「再次日，約翰同兩個門徒站在那裡。他見耶穌行走，就說：『看哪！這是神的羔羊！』兩個門徒聽見他的話，就跟從了耶穌。耶穌轉過身來，看見他們跟著，就問他們說：**你們要什麼？（你們的願望是什麼？）**』」（約翰福音一章35-38節）

乍看之下，似乎很難找出耶穌服事人的模式。祂每一次與人的相遇看起來都十分不同、十分獨特，沒有現成的公式讓我們可以輕易地仿傚，但是耶穌所有對人的事奉中卻有一個共同點：**耶穌總是先在他人的需要上滿足他們。**

祂使每一次的相遇與當事人切身相關，他個別滿足他們當時生命中的需要和渴望。

許多傳福音的方式會鼓勵我們把握機會將話題導向救恩，但有時候救恩**在對方看來**並不是太急迫的需要。舉例來說，如果有人連他下一餐從哪裡來都不清楚，要說服他必須接受耶穌基督的救恩就更加困難了。

若是我們堅持在救恩的話題上打轉，即使最後帶領人做了所謂的「認罪禱告」，在我們離開之後，那人的注意力很快又會回到他最急迫的需要上，他跟耶穌的關係很快就會被丟在一邊、從生活中拋開，就像你會把房子裡用不到的雜物丟掉一樣。

> 「若是弟兄或是姊妹，赤身露體，又缺了日用的飲食；你們中間有人對他們說：『平平安安地去吧！願你們穿得

暖，吃得飽』；卻不給他們身體所需用的，**這有什麼益處呢？」**（雅各書二章15-16節）

當我回想我在工作地點領人得救的經驗裡，每次救恩的發生都是因為當事人能真實地表達出他們的需要，而我總是能夠將神早已預備能滿足他們需要的話語和他們的情況作連結。

當有人覺得孤單，覺得被朋友出賣，我告訴她耶穌是個「比弟兄更親密」的朋友，祂對我們的愛永不動搖。

當有其他人覺得不安全、需要被保護的確據，我就會說：神所提供的保護如同我們的盾牌、我們的山寨、我們的拯救者。

當另外有人表示需要安定感及安全感，我會告訴他：耶穌承諾永不離開、永不撇棄我們。

我回想在工作地點帶領十五個人得救信主的過程中，我意識到其實我並沒有跟他們當中任何一個人提到救恩的信息，我完全沒有主動接近他們！我只是單純回應了他們表達出來的真實需要，當我告訴他們耶穌所預備要滿足他們個別需要的內容，談救恩的事就容易多了。一切都來得十分自然，沒有強迫推銷救恩的訊息，也沒有必要，當人們看到神在他們的需要上有真正的答案，他們自然就會渴望來接受祂。

行為顯明出需求

有些時候，需要是明顯可見的，另外有一些需要則比較不容易看出來。行為常常會顯明出一個人生活中的需要，但是將這樣的信號連結到正確的需求上，可能仍然頗具挑戰。

不恰當的行為掩蓋了潛在的需求，不恰當的行為很可能其實是求救的表現。

行為學專家告訴我們當一個人出現錯誤或不當的行為時，無論小至惡作劇，或是大到犯罪行為，都是因為他試圖尋找能夠滿足他需求的方式，而最後他在處理上做了較差的選擇。（Shah, 2013）

一個人的需求會驅使他採取行動來滿足這些行為，若是人沒有找到耶穌，他可能會轉向無法真正提供滿足的臨時替代物，像是一些娛樂、毒品、酒精、金錢、工作、慰藉食物、宗教，或不道德的關係等等。

專注在另一個人身上

耶穌使每次祂與人的接觸都是關於**那些人**，以及他們生活中的遭遇，而不只是祂自己：「**你在找什麼？**」（**你**的願望是什麼？）祂並沒有為了接觸這些人而設定祂的行程表，反而是針對他／她們個別的需要及渴望來量身打造每一次的相遇。

> 「耶穌說：**要我為你做什麼？** 瞎子說：拉波尼（就是夫子），我要能看見！」（馬可福音十章51節）

就在那一刻，祂變成了他們最好的朋友，將他們的目標當成自己的目標，與他們同行，幫助他們完成他們最大的需要及渴望。

> 「各人不要單顧自己的事，也要顧別人的事。」（腓立比書二章4節）

> 「你們各人的重擔要互相擔當，如此，就完全了基督的律法。」（加拉太書六章2節）

不預設行程表

同樣地，我們必須注意，不要自己先排定行程表，什麼時候該跟誰會面。

在教會裡面，我們做過全市的外展，我們有一套自己外展事奉的方法，然後我們試著把這套方法應用在整個城市裡，好像無論我們做什麼都應該適用於這樣的情況：要求這個城市配合我們已經提供的，而不是找出哪裡有需要，然後設計出合乎這些需求的外展工作。

一個比較好的模式應該是像這樣：

1. 建立關係。

2. 發現人們的需要，什麼對他們有好處。

3. **接著才**設計出能切合該需求的外展工作。

兩個基本的動機可以在我們待人接物的事上引導我們：我們要不是去愛他們，就是利用他們。人類有種與生俱來的本能可以感覺到是哪一種動機在引導我們。

若是我們帶著一個行程表去與人會面，又試圖將人帶向一個特定的方向，就像是推銷員試圖「完成一筆交易」，人們會感覺到我們並不真的愛他們。

他們會覺得我們只是在利用他們來達成我們的目的，他們會抗拒、在我們自私的行程表之前豎起防衛的高牆。他們會退縮、會放棄、建構起他們的心靈堡壘，甚至可能會報復，就像一支軍隊保護自己免於不受歡迎的勢力入侵領土。

帶著無私的愛

耶穌的方式是很不一樣的。祂沒有任何自私的動機，也沒有自私的行程表。使徒保羅如此呼應耶穌無私的動機：

> 「我也甘心樂意為你們的靈魂費財費力。**難道我越發愛你們，就越發少得你們的愛嗎？**罷了，我自己並沒有累著你們……我所差到你們那裡去的人，我藉著他們一個人佔過

你們的便宜嗎？我勸了提多到你們那裡去，又差那位兄弟與他同去。提多佔過你們的便宜嗎？我們行事不同是一個心靈嗎？不同是一個腳蹤嗎？……親愛的弟兄啊，一切的事都是為造就你們。」（哥林多後書十二章15-19節）

人們可以感覺到耶穌沒有其它的動機，只有對他們的一份單純而無私的愛，以及一顆願意滿足他們最深的需要與渴求的心，人們因此能向祂完全地敞開、向祂呼求，使需要能獲得滿足。祂所表現出來的愛對他們而言是如此的有吸引力，以至於無論祂到哪裡去總有成千上萬的群眾跟隨著。

帶領人到耶穌面前

耶穌在約翰福音六章26節清楚地指出並**不是**行神蹟這件事讓人願意成為門徒的。人們總是在尋找能夠滿足他們需求的東西。

「耶穌回答說：我實實在在的告訴你們，你們找我，並不是因見了神蹟，**乃是因吃餅得飽。**」（約翰福音六章26節）

有太多時候，我們的外展方式都只專注在帶領人得救，卻忽略了（至少是暫時性的忽略了）人們可能會有的其他需要，無論那些需要有多急迫。「畢竟」，我們會想，「沒有什麼需要比永恆的救恩更要緊的了。」

我們不明白的是，當人們的需要真正的獲得了滿足，他們自然會被吸引到能夠為他們生活的需求提供解答的源頭面前。

當我們靠著耶穌基督的愛和權能，有目的地向我們每天遇到的人伸出援手，**滿足他們的需要**，我們會經歷到我們服事上最大的果效。

神國事奉的優先順序

如果你是在福音派教會長大的，你可能會被教導：當你最後站在主面前，你得要為著每一次你有機會向人分享福音而你卻沒有這麼做的情況交帳。但耶穌在馬太福音廿五章34-40節清楚地告訴我們他認為我們該負的責任是什麼。注意耶穌強調的評斷標準：

> 「於是王要向那右邊的說：你們這蒙我父賜福（神的恩惠及永恆救恩的命定」的，可來承受（接受成為你自己的）那從創世以來為你們所預備的國；
>
> 因為我餓了，你們給我吃，渴了，你們給我喝；我做客旅，你們留我住；
>
> 我赤身露體，你們給我穿；我病了，你們看顧我；我在監裡，你們來看我。
>
> 義人就回答說：主啊，我們什麼時候見祢餓了，給祢吃，渴了，給祢喝？什麼時候見祢做客旅，留祢住，或是赤身露體，給祢穿？又什麼時候見祢病了，或是在監裡，來看祢呢？
>
> 王要回答說：我實在告訴你們，這些事你們既做在我這弟兄中（在人的眼光中）一個最小的身上，就是做在我身上了。」（馬太福音廿五章34-40節，擴大版聖經）

在這段經文裡甚至完全沒有說到「見證」（分享救贖的福音）是一個評斷條件。當然，我們絕對不是說我們就不必傳福音了，但如果我們傳了福音，卻沒有行出耶穌當時在世上以愛和權能滿足眾人需求的樣式，我們表現出來的就是不完全的福音。

在鮑伯‧瓊斯（Bob Jones）1975年八月的瀕死經驗裡，他看見主耶穌自己站在天堂大門口迎接剛死去的人。耶穌一個一

個地迎接他們，並且只問他們一個問題。祂沒有問他們向多少人做見證，祂沒有問他們奉獻多少錢給教會，祂沒有問他們有沒有忠心地參加教會的主日崇拜，祂只問他們這個問題：「你學會愛了嗎？」（Jones & Warner）。

你可以上網聽鮑伯•瓊斯自己敘述這個故事。在Youtube可以找到好幾支鮑伯自己用英文敘述這段經歷的影片。若想找這支影片，只要搜尋「Bob Jones death experience」或「Bob Jones Did you learn to love?」即可。

尼哥底母

救恩的需求是每個人生命中最重要的一項需求，然而**比任何人都了解這一點的耶穌**，卻很少，或者可以說根本**從來沒有**在跟人的談話中提到救恩的需要。你可能會想：「等等！那麼約翰福音三章裡尼哥底母的故事又怎麼說？耶穌在那段對話一開始說『我實實在在的告訴你，人若不重生，就不能見神的國。』」

的確沒錯，耶穌以談論關於人需要重生的這件事情開啟了那段對話，但那是和一位高階猶太教教師的神學討論，耶穌在那段對話的目的似乎是在於擴展尼哥底母對真理的認知，使尼哥底母能夠在他的影響力範圍內傳授給其他人。

若是這段對話的用意是要帶領尼哥底母得救，那麼這似乎就是一段失敗的對話了。在這次會面結束之後，這兩個人似乎就從此分道揚鑣。沒有記錄顯示在那次會面之後尼哥底母曾經跟隨耶穌，成為他的門徒；在約翰福音七章50節可以看出尼哥底母又回到法利賽人中間，「他們當中有一個人……」（新譯本）。雖然他認同耶穌的道理，還在耶穌死後和亞利馬太的約瑟去看顧耶穌的身體，然而卻沒有證據顯示尼哥底母曾經改變信仰或承認耶穌是彌賽亞。

通常在做外展事奉的時候，教會的行程表往往很趕 ─ 趕著把人推向救恩。相形之下，耶穌的做法徹底顛覆，祂乃是問人「**你們**想要什麼？**你們**需要什麼？**你們**尋找的是什麼？**你們的**目標是什麼？」我們也應當注重同樣的事情。

關於這一點，我打從心底希望你是懂英文的人，因為我強烈推薦你放下手上這本書，去閱讀羅蘭•巴刻寫的《天使出任務》（Angels on Assignment）的第十章（Buck, Hunter, & Hunter）。你可以在www.angelsonassignment.org線上閱讀整本書，或者你也可以上網到像是亞馬遜或許多其它線上書店買到紙本的書。只是很遺憾地，目前這本書可能還找不到屬於您母語（中文）的譯本。

羅蘭•巴刻是愛達荷州博伊西城（Boise, Idaho）的一位牧師，他有過許多次被神的使者造訪的不凡經歷。正如他被天使造訪那樣地美好，他們帶來的信息更是從神的心意而來的，十分寶貴。我強烈推薦你讀整本書，但至少目前，若你能力許可，請花點時間讀這本書的第十章：「當神說謝謝！」（When God Says Thanks!）

門徒操練：
看見我們身邊的需要

目的：能夠對我們身邊人們的需要更加敏銳，並且開始準備去滿足這些需要。

1. 列出幾個你固定溝通聯繫的人。

2. 在每個人的名字旁邊，列出至少一項他或她最急迫的需要。

   a. 如果你並不清楚某個人有怎樣的需要， 這個跡象表示你必須要花時間去問合適的問題、聆聽、多了解他或她在這段時間經歷了什麼事。

3. 選擇一個人的需要，設法幫助他或她的那一項需求。當你這麼做的時候，你就完成了耶穌的這一項誡命：

「你們要彼此相愛，像我愛你們一樣；這就是我的命令。人為朋友捨命，人的愛心沒有比這個大的。」（約翰福音十五章12-13節）

為了要滿足那人的需要，或許你還得要多學一點知識或技能。要明白當你預備好自己有效地服事**某個人**的需要，你也就 能夠幫助**其他許多**有類似需要的人。這項成長經驗會讓你「工具箱」裡的「工具」越來越多

第八章
專注在需要上

神所關心的事

如同天使告訴羅蘭・巴刻的，如果我們想知道神關心的到底是什麼，我們可以在以賽亞書五十八章裡找到答案：

「我所揀選的禁食不是要鬆開兇惡的繩，解下軛上的索，使被欺壓的得自由，折斷一切（束縛、奴役）的軛嗎？

不是要把你的餅分給飢餓的人，將飄流的窮人接到你家中，見赤身的給他衣服遮體，顧恤自己（有需要）的骨肉而不掩藏嗎？

這樣，你的光就必發現如早晨的光，你所得的醫治（恢復和新生命的大能）要速速發明。你的公義（公正、正義、與神正確的關係）必在你前面行（引領你至平安與昌盛）；耶和華的榮光必作你的後盾。

那時你求告，耶和華必應允；你呼求，祂必說：我在這裡。你若從你中間除掉（無論在何處發現的）重軛和（對被壓迫者或敬虔之人）指摘人的指頭，並發（任何形式的虛假、嚴苛、不義和）惡言的事，

你心若向飢餓的人發憐憫，使困苦的人得滿足，你的光就必在黑暗中發現；你的幽暗必變如正午。

耶和華也必時常引導你，在乾旱之地使你心滿意足，骨頭強壯。你必像澆灌的園子，又像水流不絕的泉源。

那些出於你的人必修造久已荒廢之處；你要建立拆毀累代（已荒廢的建物）的根基，你必稱為補破口的，和重修路徑與人居住的。」（以賽亞書五十八章6-12節，擴大版聖經）

在他人的需求點上滿足他們

在生活上（或在事奉上），我們專注的許多事物都只有很少、或者根本就沒有在永恆裡的價值。然而，人，卻有如此的重要性。人有恆久的價值－這個價值甚至重要到一種程度：耶穌願意為他們付上最終極的代價

當我們專注於滿足他人的需求，神**必定會**把祂的榮耀和賞賜加添在我們的生活和事奉當中。

「若是弟兄或是姐妹，赤身露體，又缺了日用的飲食；你們中間有人對他們說：平平安安地去吧！願你們穿得暖，吃得飽；卻不給他們身體所需用的，這有什麼益處呢？」（雅各書二章15-16節）

神看約伯為一個「完全人」（約伯記一章8節），而約伯是這樣描述他自己的人生和事奉的：

「耳朵聽我的，就稱我有福；眼睛看我的，便稱讚我；因我拯救哀求的困苦人和無人幫助的孤兒。將要滅亡的為我祝福；我也使寡婦心中歡樂。我以公義為衣服，以公平為外袍和冠冕。我為瞎子的眼，瘸子的腳。我為窮乏人的父；素不認識的人，我查明他的案件。我打破不義之人的

牙床，從他牙齒中奪了所搶的。」（約伯記廿九章11-17節）

在耶穌開始祂的服事前，祂發出自己的「事奉宣言」：

「主的靈在我身上，因為祂用膏膏我，叫我傳福音給貧窮的人；差遣我報告：被擄的得釋放，瞎眼的得看見，叫那受壓制的得自由，報告神悅納人的禧年。」（路加福音四章18-19節）

耶穌的事奉都有一個共同點，**耶穌總是在他人的需求點上滿足他們。**就像祂跟安德烈說：

「你們要什麼？」（你的願望是什麼？）」（約翰福音一章38節，擴大版聖經）

海蒂與羅蘭‧貝克的例子

彩虹事工（Iris Ministries）的海蒂與羅蘭‧貝克夫婦就是致力於滿足每一個他們所遇見之人的需要，他們以許多方式表現這樣的愛。他們不斷地聚焦在這一點上面，說「為這個人停下腳步」、「愛這個有需要的人」、以及「單單愛你眼前的這個人」（Velu, 2004）。

在我所認識的人當中，海蒂與羅蘭‧貝克是「做主耶穌的工作」最佳的活見證。　有一部英語發音的紀錄片電影《Mama Heidi》（譯註：「海蒂媽媽」）能帶你進入他們的生活和事工。從影片中，你能看出他們總是將焦點放在滿足每個他們所遇見之人的需要。他們總是有辦法，他們並不會預先排定行程表做服事，他們只是去到人群所在的地方，發現他們的需要，然後盡他們所能地滿足這些需要。有時候需要是靈性上的，然而他們似乎卻花大多數的時間在處理生理和情緒上的需要；他們也在健康、教育、食物和水、庇護所、家庭、衣物、以及分

享基督救恩的福音等事上提供了需求的解決方式。他們提供了愛—以任何有 需要 的形式。

目前這部紀錄片只有英文版本，但你若有機會觀賞到這部影片，你會看見許多真愛的表現：

• 他們收容了五百人；有八名男孩住在他們家中一同生活。

• 他們出去面對的是很險峻的情況，必須全然信靠神，不把自己的需要擺在第一。

• 他們去到那些不被關愛的、遭遺棄的、以及那些無法 自理的人們中間。

• 他們**出去尋找**有需要的人，而不是等著人們走向他們。

• 他們每天都個別花時間在別人身上。

• 他們將每個人都視為極寶貴的個體。他們十分敏銳於 每個人的個別需要。每當有新的成員來與他們同住時，這些人就在貝克家沖澡

• 他們會花時間認識每個人，並了解他們生活中的小細節。

• 他們能看出每個人身上的潛力。

• 他們**先**表現出神的愛，再向人解釋福音的內涵。

• 團隊同工有點被「過度使用」，因為需要實在太大了。

• 由於他們是如此忠心地專注在滿足每個人的個別需 要，神便尊榮他們，擴張他們在全世界的影響力。

• 他們從一間沒有人要的建築物起步 —「至惡之地」。

- 他們忍受了艱難、偷竊、耗盡、逼迫，以及政府的干預等等。

- 海蒂被稱作「媽媽」並且一直被視為一名母親般的人物，即使是不在她事工團隊裡的人也這麼叫她。

- 他們相信耶穌給他們的應許：「我死了，你們就永遠不會缺乏」。所以他們從來不會離棄任何一個有需要的孩子。

- 他們服事的是「全人」— 滿足每個人任何的需要。

- 他們去到其它事工團體不會去的地方。當其它事工團體對同樣的需求說「不」的時候，他們會說「好」。

- 因著許多曾被營救的人開始去營救他人，這個事工結出豐盛的果子。

- 他們尋求的是對他們服事的對象最好的一切。

- 他們相信神每天會供應他們的基本所需。

- 他們的喜樂在於，看見他人從街頭被營救之後邁向成功。

- 如果海蒂和羅蘭沒有走向他們，那些人會流落何處？

  如同海蒂和羅蘭在紀錄片裡說的：

- 「我們的生命就是一連串給予的故事。」

- 「單單愛你眼前的這個人。」

- 「若你說你愛神，那麼你就會愛你眼前的這個人。」

- 「改變一個又一個的人將能夠改變整個國家。」

「於是王要向那右邊的說：你們這蒙我父賜福的，可來承受那創世以來為你們所預備的國；因為我餓了，你們給我吃，渴了，你們給我喝；我做客旅，你們留我住；我赤身露體，你們給我穿；我病了，你們看顧我；我在監裡，你們來看我。

義人就回答說：主啊，我們什麼時候見祢餓了，給祢吃，渴了，給祢喝？什麼時候見祢作客旅，留祢住，或是赤身露體，給祢穿？又什麼時候見祢病了，或是在監裡，來看祢呢？

王要回答說：我實在告訴你們，這些事你們既做在我這弟兄中一個最小的身上，就是做在我身上了。」（馬太福音廿五章34-40節）

第九章
成為行道者，而不只是聽道者

「只是你們要行道，不要單單聽道，自己欺哄自己。」
（雅各書一章22節）

「若是弟兄或是姊妹，赤身露體，又缺了日用的飲食；你
們中間有人對他們說：平平安安地去吧！願你們穿得暖，
吃得飽；卻不給他們身體所需用的，**這有什麼益處呢？**」
（雅各書二章15-16節）

「至於我，當他們有病的時候，我便穿麻衣，禁食，刻
苦己心；我所求的都歸到自己的懷中。我這樣行，好像
他是我的朋友，我的弟兄；我屈身悲哀，如同人為母親哀
痛。」（詩篇卅五篇13-14節）

門徒操練：
將你的代禱名單轉換成一份需求清單

目的：幫助我們對於其他人的需求更敏銳，並且能更專注在滿足他人的需求上。

　　太多時候，當我們將他人放進我們的「代禱名單」時，我們同時也限制了自己**只去**為他們禱告。若是我們將這份代禱名單換成一份「需求清單」，我們或許更可能參與在滿足他人生活的需求上

• 除非你願意在可能且適當的情況下，親身參與到幫助某個人的需求當中，否則立志不將任何人放進你的代禱名單裡。

• 當你同意將某人放進你的代禱名單裡，就把它當作是你個人的一種承諾，願意跟他一同走過那個生命歷程，直到禱告蒙應允。這一點未必總是可能或會實際發生，但若我們把它當成一個目標，我們就會越來越接近聖經上所描述的「你們各人的重擔要互相擔當，如此，就完全了基督的律法。」（加拉太書六章2節）

• 當我們願意投身幫助滿足那些我們代禱對象的需求，我們會開始產生對他們真摯的愛：

　　「因為你們的財寶在哪裡，你們的心也在那裡。」（路加福音十二章34節）

門徒操練:
在你為自己的禱告裡加入其他人

目的:幫助我們建立一個僕人的心志,藉由為他人的需要設身
處地禱告來表現我們對他人真摯的愛。

　　當你為自己禱告的時候,求神以不同的方式賜福**你**,也想
一想你的生命裡還有其他哪些人可以在同樣的福份中受益,禱
告求神也賜福給**這些人**,如同你求神賜福給**你**一樣。每當你
為自己禱告的時候,就把這些人放進禱告裡。(為**自己的仇
敵**禱告 — 這會是一個強而有力的方式幫助自己勝過對他們的
苦毒!)

　　舉例來說,若你運用主禱文來做這樣的禱告,你可能會這
樣說:

　『我們在天上的父,願人都尊你的名為聖。願你的國降
　臨。願你的旨意行在地上,如同行在天上。**我為我自己、
　我的家人、也特別為最近過得很困難的阿瑞和阿喜這樣禱
　告:**我們日用的飲食,求祢今日賜給我們……』

　「各人不要單顧自己的事,也要顧別人的事。」(腓立比
　書二章4節)

　「要愛人如己。」(馬可福音十二章31節)

　「**約伯為他的朋友祈禱。**耶和華就使約伯從苦境轉回,並
　且耶和華賜給他的比他從前所有的加倍。」(約伯記四十
　二章10節)

　「所以你們要彼此認罪,**互相代求,**使你們可以得醫
　治。」(雅各書五章16節)

培養關係

服事的機會往往出現在關係的情境中。一個人很少會向陌生人傾訴深入的個人問題。

一個朋友可能要花上好幾年的時間，才會自在地對你透露他或她最深的需要。為了這個緣故，保持對此段關係的敞開就十分重要了。若你刻意培養並強化一段關係，他或她可能會試著想要擺脫你；但在某些情況下，你可能會需要採取像路得那樣的姿態，當拿俄米試著想要擺脫路得的時候，她說：

> 「除非死能使你我相離，不然，願耶和華重重地降罰與我！」（路得記一章17節）

這並不代表你得要把人變成你的工作項目。若你沒有任何行程表，有的只是單純的關係，你將會是最有效率的。你只要陪伴就好！若人們相信，當他們有需要的時候你總會相伴左右，他們就會更願意跟你分享自己真正的問題，然後當時機成熟的時候，你就能跟他們分享從神而來的答案。

多走一哩路

多走一哩路。刻意去尋找令人意想不到的方式來表達對人的愛。例如留一張便條、在生日之外寄張卡片、花些時間和他們相處、讓你自己隨時都能被找得到、給他們打個電話、指出你欣賞他們的特質、買本書送他們，在封面內頁寫些鼓勵的字句、送他們花、告訴他們你如何掛念他們，為他們禱告、提醒他們你與他們有過的各種美好回憶。

設定你的界限

有些時候，若你越深入參與在你周遭朋友的生活中，他們或許可能因你的善良而試圖佔你便宜，可能會發生一些情況，讓你覺得你只是被利用來推動他人的計劃而已。若是這種情況

妨礙了你完成對神、對自己、對其他人當盡的責任，或許你就應當為自己設立堅定的界限，以保護自己免於不當的利用或傷害。在與你的關係上，若是他人沒有設立適當的界限，或許你就要為他們設下界限。

舉例來說，我最喜歡去服事的地點之一是在火車站。但當有其他信徒與我同行的時候，我會建議他們身上不要帶錢；如此一來，當遇到火車站有人向你乞討的時候，就比較容易直接將對話引導到那個人真正的需要上。對待在聖殿的美門口那個求人賙濟的瘸子，彼得就示範了這一點：

> 「彼得說：金銀我都沒有，只把我所有的給你。我奉拿撒勒人耶穌基督的名，叫你起來行走！」（使徒行傳三章6節）

給那個人錢並不會改變他的狀況，但是醫治他的癱瘓，滿足他真正的需要，卻能永遠地改變他的一生。

耶穌必須不斷保護祂和祂自己的事奉，使它們不至於被他人有意或無意地帶離了正軌：

> 「耶穌卻不將自己交託他們；因為祂知道萬人，也用不著誰見證人怎樣，因祂知道人心裡所存的。」（約翰福音二章24-25節）

同樣地，尼希米也能夠迅速地分辨，並拒絕那些試圖轉移他注意力，使他離開他人生真正命定的事：

> 「於是我差遣人去見他們，說：我現在辦理大工，不能下去。焉能停工下去見你們呢？」（尼希米記六章3節）

對耶穌不敞開

許多人對於談論耶穌這件事甚至是不敞開的，他們可能是無神論者，可能是不可知論者，也可能有各種不同的宗教信仰。有許多可能的因素導致人們的不敞開。

在這些情況下，硬是要跟這種心態的人談耶穌、聖經、或救恩，是沒有任何好處的，很可能天父吸引他們的時候還沒有到。

「若不是差我來的父吸引人，就沒有能到我（耶穌）這裡來的……」（約翰福音六章44節，擴大版聖經）

在這種情況之下最好的方式是，與其勉強跟人談論耶穌，還不如透過禱告跟神合作，讓天父把他們吸引到耶穌身邊，培養跟這些人的關係，支持他們。當你禱告時，神也許會允許問題或需求進入他們的生命中。這些問題或需求也許才可能真正使他們開始去尋求自身以外的幫助。當這些朋友、熟人、或家人為了所遭遇的困難來向你求助時，你就有機會根據他們的需求來分享神的解決之道。

萬一你沒有相對應他們問題的答案，也不要忽略它們，神一定有這些問題的答案。求問祂，當答案來的時候留意並分辨這些答案。

「你們祈求，就給你們；尋找，就尋見；叩門，就給你們開門。因為凡祈求的，就得著；尋找的，就尋見；叩門的，就給他開門。」（馬太福音七章7-8節）

懷疑卻敞開

有些人對耶穌抱持著懷疑的態度，但他們可能仍會表現出想認識關於耶穌的好奇心或興趣。在這些情況下，最好完整地

回答他們的問題，盡你所能的以坦率的態度解釋，而不要嘗試把他們推往任何特定的方向。

若是你沒有相對應他們問題的所有答案，老實地承認你不知道。有些困難的問題可能只是想測試你，你是會編造自己的答案，假裝自己無所不知，還是你會老實地承認你沒有一切的答案？懷疑論者並不是想找一個無所不知的人，他們想找的是一個真正誠實的基督徒 — 一個能活出他所傳講之信仰的人。

會問你問題的人通常在試著收集情報，好讓他/她能夠做出對自己影響深遠的決定。所以務必保持誠實、坦率、明確。

但也要小心，若可能，別做出任何會傷害關係的事情。不要沒事去激怒人家，更**不要強迫**！不要期待他或她會立即做決定。

耶穌允許彼得和其他門徒跟隨祂好幾個月，最後才問他們認為祂是誰（馬太福音十六章 13-17 節），難道你遇見的人不也值得同樣的尊重嗎？畢竟，決定跟隨耶穌比起選擇讀哪間大學或是選擇一份職業來得重要許多。即使是**讀大學或挑工作**這類的事情，對許多人來說也得花上**好幾年**才能做出決定呢！

擴張你的影響力

當你忠心學習如何適當地回應你遇見的每個人，神將會擴張你對其他群體的影響力：包括其它宗派的基督徒、其它宗教、穆斯林、佛教徒、印度教徒、新紀元運動者、神秘主義者、無神論者、甚至是你的家人等等。

這是我的經驗之談。

第十章
你願意接受呼召嗎？

從這裡，我們該往何處去？

我們至今一直強調把焦點放在耶穌事奉基本的原則上，而這些原則也該同樣被運用在我們的生活和事奉上：

• 最值得注意的服事機會都發生在教會聚會以外。

• 許多神聖會面，常常就在我們忙著日常生活事務的時候，發生在既定的行程中間，當時看起來都像是一種干擾。

• 專注在我們周遭每個人的需要上。

藉由海蒂•貝克的例子，我們讓大家了解什麼是真正**做主耶穌的工作**，以及什麼是成為一個**愛的門徒**。

而這些還只是剛開始而已呢！

教會的領導階層必須致力於提供支援，協助我們預備用同樣的方式來服事

- 裝備

- 訓練

- 操練

但即使教會領袖沒有提供我們一切所需的支援，若我們向神祈求，神同樣會供給我們。祂能成為你個人的導師與教練，如同祂對待撒母耳、摩西、大衛、以利亞、以及許多其他屬靈偉人那樣！

「不要等候領導，要自己先做，一個接著一個。」（德蕾莎修女）

下一步是預備，以便能進入神對個人及對教會更高的呼召—發展技能、培養信心—並且使我們自己能夠參與服事。

你願意接受神更高的呼召嗎？

現在你知道神所要求的是什麼，祂接著會問你的是：「你願意接受呼召嗎？」

你正站在一條十字路口上，你可以接受神所給予更高的呼召，亦或就跟往常一樣，仍然忙於自己的事務。

在這個時刻你特別需要留意的一段經文，記載在歷代志下十六章9節：

「耶和華的眼目遍察全地，要顯大能幫助向祂心存誠實的人。」（歷代志下十六章9節）

主耶和華正在全地尋找**某個**願意接受祂更高呼召的人。若你接受祂更高的呼召，祂就要準備做你強有力的後盾；若是你決定跟往常一樣繼續忙於自己的人生，主耶和華的眼目將會重新尋找其他願意的人，將同樣的應許賜給他們。

我怎麼會知道這些呢？因為聖經讓我們看見這就是神做事的法則。在聖經中，主自己讓我們看見許多例子：那些拒絕祂更高呼召的個人和群體，最終都決定走他們自己的道路，而不是神的呼召。

當以色列的後裔拒絕了神更高的呼召，而要求要像其他國家一樣立一個王，神就對撒母耳說：「百姓向你說的一切話，你只管依從；因為他們不是厭棄你，乃是厭棄我，不要我作他們的王。」（撒母耳記上八章7節）

接著，我們後來也看到，神不得不離開掃羅王，而將祂原本的恩膏給了大衛。

「耶和華的靈離開掃羅……」（撒母耳記上十六章14節）

耶穌警告以弗所教會，倘若他們不改變行為，回到他們明知最正確的道路上，他們很有可能會失去自己在神完美計劃中的位置：

「然而有一件事我要責備你，就是你把起初的愛心離棄了。所以，應當回想你是從哪裡墜落的，並要悔改，行起初所行的事。你若不悔改，我就臨到你那裡，把你的燈台從原處挪去。」（啟示錄二章4-5節）

使徒保羅完全了解他在神計劃中的位置：只有在他持續行走在謙卑順服神的道路時，才可能獲得保障：「我是攻克己身，叫身服我，恐怕我傳福音給別人，自己反被棄絕了。」（哥林多前書九章27節）

必須了解的是，神的計劃比我們還大，祂正提供我們一個機會可以參與在祂對歷代所定的全面性計劃中。我們可以接受或拒絕祂的邀約，倘若我們拒絕，神只會繼續前進、尋找其他願意的人，因為祂必須完成祂的計劃。

讓我們用一個更宏觀的角度來看神在教會歷史運行的軌跡，以及我們在祂的計劃中所處的位置。

萬物的復興

耶穌的一生是神的愛與權柄在事奉上最極致的彰顯。但在耶穌升天之後，教會逐漸地跟這樣的榜樣脫節，到後來，教會幾乎忽略了耶穌的事奉所代表的一切，悄然陷入了所謂的黑暗時代，在那個時代一般人是沒有辦法接觸到神的話語，因它只能用拉丁語傳講，也只有當時的教會領袖被允許讀神的話！

接著，神開始恢復自從耶穌事奉時期教會所失落的。馬丁路德恢復了因信稱義的教義，聖經也開始能用一般人使用的語言來印刷及發行。

多年來，神一直不斷在恢復其它重要的概念和教義—像是悔改、洗禮、醫治、聖靈的恩賜等等。

隨著教會經歷這個緩慢的萬物復興過程 — 為要恢復自耶穌 時代以降，一切所失落的屬靈遺產，教會主要傳講的信息在過 去幾個世紀也因此不斷地產生變化，以配合神當時所要開展的復興 。

有一段時間，許多傳道人很著重傳講關於「地獄與硫磺火湖」的相關信息，像是查爾斯•芬尼（Charles Finney）、約拿 單•愛德華滋（Jonathan Edwards）等人。約拿單•愛德華滋最著 名的講道就是「落在憤怒之神手中的罪人」。在那個年代，這 一類的信息的確符合當時的需要，但同樣的信息到了今天則可能不再會得到相同的回應。現今，同樣的信息很可能會使人興趣缺缺，甚至使人**遠離**神，這是為什麼呢？

神一直在前進，並不是因為這一類的信息比起從前失去了多少真實性，只是如今最主要的需求已與從前大不相同。

神在 1977 年差遣加百列造訪羅蘭•巴刻時，告訴他即將會展開一個復興萬物的局面（Buck, Hunter, & Hunter）。有趣的是，佈道家威廉•布藍罕（William Branham）早在 1933 年就提 到 1977 年的重要性，他說 1977 年發生的一些事情會將教會從 「教會」的時代帶進「國度」的時代（Branham）。這個信息十分符合我在本書裡一直試圖傳達的核心內容；同樣地，這也與海蒂和羅蘭•貝克夫婦所帶出來的信息和生活典範一致；當然，這也和鮑伯•瓊斯的瀕死經驗中，他看見人們被允許進入永生之前都會被耶穌問到「你學會愛了嗎？」這所有的信息完全相符。

最後，這也是聖經當中的信息，特別是記載在馬太福音廿五章 31-46 節的話語，以及耶穌的一生與事奉帶給我們的榜樣。

只要開始，單單去行動

我們或許會覺得在某種程度上自己並不配領受這樣的呼召，然而神並不在乎，祂反而比較喜歡這樣。一群無所不知的人幾乎是無法被祂使用的。

當神呼召亞伯拉罕時，祂只對他說要「去」。對亞伯拉罕而言，在出發時就知道旅途中的一切細節並不重要。

> 「亞伯拉罕因著信，蒙召的時候就遵命出去，往將來要得為業的地方去；出去的時候，**還不知往哪裡去。**」（希伯來書十一章8節）

神此刻正在呼召我們。我們回應的方式將會決定祂是繼續停留在我們身邊，使用我們完成祂此刻最高的旨意；亦或祂要繼續前進，尋找其他人接受這樣的邀請。

> 「因為被召的人多，選上的人少。」（馬太福音廿二章14節）

這是將會發生的結果：我們若是憑信心接受呼召，就像亞伯拉罕那樣，並不確實知道這對我們的未來會是代表什麼，神就會立刻澆灌祂的福份給我們，並帶領我們進入不曾想過的最充實、有意義的人生裡，比我們所能想像到的更加美好。

> 「如經上所記：神為愛祂的人所預備的是眼睛未曾看見，耳朵未曾聽見，人心也未曾想到的。」（哥林多前書二章9節）

另一方面，若我們拒絕神的呼召，無論是說「不」，或是什麼都不做，神依舊會給我們一個相對較短的寬限期讓我們改變心意，接受祂的呼召，接著祂仍然會繼續前進，將這樣的應許賜給其他人。

> 「於是用比喻說：一個人有一棵無花果樹栽在葡萄園裡。他來到樹前找果子，卻找不著。就對管園的說：看哪，我這三年來到這無花果樹前找果子，竟找不著。把它砍了吧，何必白佔地土呢！
>
> 管園的說：主啊，今年且留著；等我周圍掘開土，加上糞；以後若結果子便罷，不然再把它砍了。」（路加福音十三章6-9節）

若是這樣的事情發生在我們的地方教會，而神前進到另一個教會將福份賜給他們，我們的教會很可能會只剩下空洞的流程，努力地保持教會運作和傳統 — 而生命卻不復存在。我們服事的 將會只剩下空洞的教會節目。

> 「看見路旁有一棵無花果樹，就走到跟前，在樹上找不著什麼，不過有葉子，就對樹說：從今以後，你永不結果子。那無花果樹就立刻枯乾了。」（馬太福音廿一章19節）

當耶穌前來檢視這棵樹，祂只找到葉子，找不到果子。由於只找到葉子，祂立刻對這棵樹發出審判，隨後離開了這棵

樹，繼續往前走。要了解耶穌為何如此做，我們要先明白葉子和果子的目的為何。

葉子的目的乃在於使植物透過光合作用餵養**自己**；果子生長的目的乃在於餵飽**其他人**。

每當耶穌檢視一間教會，若是祂看見這間教會完全專注在自己內部的需求，只是在餵養自己，祂的恩惠最終會離開他們，而祂會繼續尋找另一間願意伸手去滿足他人需要的教會，而原本的那間教會則會枯萎，就像是死了一樣。

當我們檢視整個教會歷史，會發現這一直是神做事的方式。從十六世紀當時的天主教會開始，當神來到那棵「無花果樹」下檢視它，祂就發現它專注的是教會內部本身，使自己變得富有，卻忽略了人們的需要；當天主教會在馬丁路德等人的勸誡下仍舊拒絕改革，祂就繼續前進，從而帶出十六世紀的新教改革，讓天主教會持續著它的傳統和儀式，卻沒有神活潑的生命在當中。

那麼，在天主教當中，神是否仍舊有真正的信徒呢？當然有！

想一想德蕾莎修女的光輝典範。她留下許多意味深遠的名言！（Teresa）

「我試圖給窮人愛，那是有錢人可以用錢財買來的。不，我不願意為了一千英鎊去觸摸一個痲瘋病人，然而我願意因著神的愛去醫治他們。」

「許多人誤把我們的工作當成我們一生的志業。我們一生的志業是耶穌的愛。」

「我們不要因為施捨財物而感到滿足。施捨財物是不夠的。得到金錢容易，但人們卻更需要你心裡的愛。所以，無論走到哪裡，就把你的愛散播在那裡。」

你願意接受呼召嗎？　139

「如果想讓我們愛的信息被收到，它就需要被發送出去。要讓燈火燃燒，我們必須繼續添油進去。」

「我們覺得我們所做的工作只是大海裡的一滴水。但少了一滴水就成不了汪洋。」

「熱切的愛無法衡量，只能付出。」

「我發現一件矛盾的事，如果你愛到受傷了，那就不會再受傷了，只會有更多的愛。」

「無論去到哪裡都散播愛。讓每個接近你的人離開時都是愉快的。」

「愛在任何時候都是當季水果，每個人都能伸手摘取。」

「喜樂是一張愛的網子，你能夠拿來捕捉靈魂。」

「現今最大的疾病不是痲瘋病或結核病，最大的疾病是被遺棄的感覺。」

「最嚴重的疾病之一，就是任何人都感覺不到你的存在。」

「不被需要、不被愛、不被關心、被所有人遺忘，我想，比起沒東西吃的人來說那才是更大的飢渴，更大的貧窮」

「對愛的渴望比對麵包的渴望更難擺脫。」

「孤獨和不被需要的感覺是最悲慘的貧窮。」

「我們有時候以為貧窮就是饑餓、赤身、無家可歸。然而最大的貧窮卻是不被需要、不被愛，以及不被關心。我們必須從自己的家庭開始做起，修補這樣的貧窮。」

「我希望你們多關心你們隔壁的鄰居。你們認識你們隔壁的鄰居嗎？」

「愛從家開始，跟做多少無關⋯⋯但跟我們放了多少愛去行動有關。」

「愛始於照顧最親近的人 — 你的家人。」

「讓我們依著所領受的恩典觸摸將死的、貧窮的、孤獨的、無人理會的，讓我們不要以為羞恥而不去做這微小的工作。」

「在小事上忠心，因為那是你的力量所在。」

「如果你沒辦法餵飽一百個人，那麼就先餵飽一個人吧。」

「他們每個人都是喬裝的耶穌。」

「我今日呼天喚地向你作見證；我將生死禍福陳明在你面前，所以你要揀選生命，使你和你的後裔都得存活。」
（申命記卅章19節）

我鼓勵你選擇接受神更高的呼召！

繼續往前積極地追求訓練和預備。

尋求能驅使你進入神所賦予更高呼召的服事機會！

第二部 — 種與收

在這一系列的第二本書：《種與收》裡，我們將開始一一檢視每一個耶穌在事奉中遇見的人，並且學習如何實際去做耶穌做過的事情！

「願主耶穌基督的恩惠、神的慈愛、聖靈的感動，常與你們眾人同在！」（哥林多後書十三章14節）

參考書目

Addison, Doug (2005). *Prophecy, Dreams, and Evangelism: Revealing God's Love Through Divine Encounters.* (C. Blunk, E. Freeman, D. Kreindler, & M. Ballotte, Eds.) North Sutton, New Hampshire, USA: Streams Publishing House.

Addison, Doug (2005). *Prophetic Evangelism Workshop Student Guide.* Santa Monica, California, USA: InLight Connection.

Baker, Rolland, & Baker, Heidi (2003). *Always Enough: God's Miraculous Provision among the Poorest Children on Earth* (Reprinted ed.). Chosen Books.

Boyle, Gregory (2010-02-14). *Tattoos on the Heart: The Power of Boundless Compassion* (p. 70). Free Press. Kindle Edition.

Branham, William (2006, July 30). *The Laodicean Church Age*. Retrieved from WilliamBranham.com: http://www.williambranham.com/the_seven_church_ages/the-laodicean-church-age/

Buck, Roland H. (Composer). (1979). Sequel to the Throne Room. [R. H. Buck, Performer] On *Sermons from the Man Who Talked With Angels, Vol. 1*. Boise, Idaho, USA.

Buck, Roland, Hunter, Charles, & Hunter, Frances (n.d.). *Angels on Assignment*. Retrieved from Angels on Assignment: http://angelsonassignment.org/index2.html.

Carnegie, Dale (1936). *How to Win Friends and Influence People*. Simon and Schuster.

Davis, Paul Keith (2011, August 20). *Paul Keith Davis: New Life Rice Lake*. (New Life Christian Church) Retrieved from YouTube: http://www.youtube.com/watch?v=Rw54FBNWryc

Grady, J. Lee (n.d.). *Heidi Baker's Uncomfortable Message to America*. Retrieved July 2013, from CBN.com: http://www.cbn.com/spirituallife/churchandministry/Charisma_Grady_HeidiBaker.aspx

Jackson, John Paul (2007, November 16). *Storms, Faith and the Miraculous*. Retrieved from YouTube: https://www.youtube.com/watch?v=WZVwUVNyhJ8

Jones, Bob, & Warner, Sandy (n.d.). *Bob Jones' Testimony August 8, 1975 Death Experience*. Retrieved from The Quickened Word: http://www.thequickenedword.com/rhema/BobJonesTestimonyAugust81975DeathExperience.htm

Scott, Darrell, Nimmo, Beth, & Rabey, Steve (2000). *Rachel's Tears: The Spiritual Journey of Columbine Martyr Rachel Scott.* Thomas Nelson Publishers.

Shah, Suraj (2013, March 31). *Understanding inappropriate behaviour.* Retrieved from Live with loss: http://livewithloss.com/inappropriate/

Stafford, Tim (2012, May). Miracles in Mozambique: How Mama Heidi Reaches the Abandoned. *Christianity Today, 56*(5).

Teresa, Mother (n.d.). *Mother Teresa Quotes.* Retrieved from BrainyQuote: http://www.brainyquote.com/quotes/authors/m/mother_teresa.html

Teresa, Mother (n.d.). *Mother Teresa Quotes.* Retrieved from Goodreads: https://www.goodreads.com/author/quotes/838305.Mother_Teresa

Teresa, Mother (n.d.). *Mother Teresa Quotes.* Retrieved from Catholic Bible 101: http://www.catholicbible101.com/motherteresaquotes.htm

Velu, Eric (Producer), Velu, E. (Writer), & Velu, E. (Director). (2004). *Mama Heidi* [Motion Picture].

關於作者

亞倫•卓克在公立學校有超過二十五年的專業教育經驗。他擁有達拉斯浸信大學的初等教育學士學位，及東德州州立大學的教育管理碩士學位。

除了職業生涯以外，亞倫同時也擔任過教會青年事工、大專和職場事工、外展事工、宣教和教育事工等部門的領袖。他帶領並參與組織許多在北美和歐洲宣教和外展的服事，包括在教會、慶典、街頭、餐廳、商場、特會、工作坊、或是搭乘大眾運輸工具，或是在各式各樣的日常情境中。

亞倫是個相當有魅力的講員和教師。他曾在北美和歐洲講課、帶領工作坊、教會聚會和大型特會。目前他定居在美國德州的達拉斯。

更多相關資訊

做主耶穌的工作
課程、研討會及訓練

　　為了裝備信徒做主耶穌的工作，我們提供了各式課程、研討會及訓練會。這些事工是由亞倫●卓克與其他經驗豐富而熟悉**做主耶穌的工作**的傳道人所帶領及教導。亞倫●卓克能夠與主辦領袖和傳道人在有限的課程時間內訂做設計出符合參與者需求的課程內容。

　　這些研討會的內容通常包括互動式教學—使用不同的媒體教材—示範、按手禱告、實際的操作活動、以及意見回應。

　　這些課程有限提供給各式規模的團體，時間的安排因亞倫●卓克先生的工作行程及其它委身工作而有所限制。

大量訂購

　　訂購不同數量的「**做主耶穌的工作**」系列作品有不同的批發優惠價格。欲了解詳情請上網查詢：
www.spiritofwisdompublications.com。

聯絡作者

欲了解更多後續課程、實際的操作訓練，或安排亞倫•卓克擔任講員，請聯絡作者：

亞倫•卓克 (Alan Drake)
由智靈出版社（Spirit of Wisdom Publications）
PO Box 180216
Dallas, TX 75218
USA

電子郵件: alan@spiritofwisdompublications.com
網址: www.spiritofwisdompublications.com
臉書（Facebook）: www.facebook.com/alandrake
微信（WeChat）: AlanDrake

www.ingramcontent.com/pod-product-compliance
Lightning Source LLC
LaVergne TN
LVHW051412080426
835508LV00022B/3052